近代中外关系系列

中美关系史话

A Brief History of
Sino-American Relations

陶文钊 / 著

社会科学文献出版社
SOCIAL SCIENCES ACADEMIC PRESS (CHINA)

图书在版编目（CIP）数据

中美关系史话/陶文钊著. —北京：社会科学文献出
版社，2011.5
（中国史话）
ISBN 978 - 7 - 5097 - 1632 - 8

Ⅰ.①中… Ⅱ.①陶… Ⅲ.①中美关系－国际关系
史 Ⅳ.①D829.712

中国版本图书馆 CIP 数据核字（2011）第 075992 号

"十二五"国家重点出版规划项目

中国史话·近代中外关系系列

中美关系史话

著　　者／陶文钊

出 版 人／谢寿光
总 编 辑／邹东涛
出 版 者／社会科学文献出版社
地　　址／北京市西城区北三环中路甲 29 号院 3 号楼华龙大厦
邮政编码／100029

责任部门／人文科学图书事业部 （010）59367215
电子信箱／renwen@ssap.cn
责任编辑／陶　璇　张玉芬
责任校对／林　娜
责任印制／郭　妍　岳　阳
总 经 销／社会科学文献出版社发行部
　　　　　（010）59367081　59367089
读者服务／读者服务中心（010）59367028

印　　装／北京画中画印刷有限公司
开　　本／889mm×1194mm　1/32　印张／6
版　　次／2011 年 5 月第 1 版　　字数／111 千字
印　　次／2011 年 5 月第 1 次印刷
书　　号／ISBN 978 - 7 - 5097 - 1632 - 8
定　　价／15.00 元

总　序

　　中国是一个有着悠久文化历史的古老国度，从传说中的三皇五帝到中华人民共和国的建立，生活在这片土地上的人们从来都没有停止过探寻、创造的脚步。长沙马王堆出土的轻若烟雾、薄如蝉翼的素纱衣向世人昭示着古人在丝绸纺织、制作方面所达到的高度；敦煌莫高窟近五百个洞窟中的两千多尊彩塑雕像和大量的彩绘壁画又向世人显示了古人在雕塑和绘画方面所取得的成绩；还有青铜器、唐三彩、园林建筑、宫殿建筑，以及书法、诗歌、茶道、中医等物质与非物质文化遗产，它们无不向世人展示了中华五千年文化的灿烂与辉煌，展示了中国这一古老国度的魅力与绚烂。这是一份宝贵的遗产，值得我们每一位炎黄子孙珍视。

　　历史不会永远眷顾任何一个民族或一个国家，当世界进入近代之时，曾经一千多年雄踞世界发展高峰的古老中国，从巅峰跌落。1840 年鸦片战争的炮声打破了清帝国"天朝上国"的迷梦，从此中国沦为被列强宰割的羔羊。一个个不平等条约的签订，不仅使中国大量的白银外流，更使中国的领土一步步被列强侵占，国库亏空，民不聊生。东方古国曾经拥有的辉煌，也随着西方列强坚船利炮的轰击而烟消云散，中国一步步堕入了半殖民地的深渊。不甘屈服的中国人民也由此开始了救国救民、富国图强的抗争之路。从洋务运动到维新变法，从太平天国到辛亥革命，从五四运动到中国共产党领导的新民主主义革命，中国人民屡败屡战，终于认识到了"只有社会主义才能救中国，只有社会主义才能发展中国"这一道理。中国共产党领导中国人民推倒三座大山，建立了新中国，从此饱受屈辱与蹂躏的中国人民站起来了。古老的中国焕发出新的生机与活力，摆脱了任人宰割与欺侮的历史，屹立于世界民族之林。每一位中华儿女应当了解中华民族数千年的文明史，也应当牢记鸦片战争以来一百多年民族屈辱的历史。

当我们步入全球化大潮的 21 世纪，信息技术革命迅猛发展，地区之间的交流壁垒被互联网之类的新兴交流工具所打破，世界的多元性展示在世人面前。世界上任何一个区域都不可避免地存在着两种以上文化的交汇与碰撞，但不可否认的是，近些年来，随着市场经济的大潮，西方文化扑面而来，有些人唯西方为时尚，把民族的传统丢在一边。大批年轻人甚至比西方人还热衷于圣诞节、情人节与洋快餐，对我国各民族的重大节日以及中国历史的基本知识却茫然无知，这是中华民族实现复兴大业中的重大忧患。

中国之所以为中国，中华民族之所以历数千年而不分离，根基就在于五千年来一脉相传的中华文明。如果丢弃了千百年来一脉相承的文化，任凭外来文化随意浸染，很难设想13亿中国人到哪里去寻找民族向心力和凝聚力。在推进社会主义现代化、实现民族复兴的伟大事业中，大力弘扬优秀的中华民族文化和民族精神，弘扬中华文化的爱国主义传统和民族自尊意识，在建设中国特色社会主义的进程中，构建具有中国特色的文化价值体系，光大中华民族的优秀传统文化是一件任重而道远的事业。

当前，我国进入了经济体制深刻变革、社会结构深刻变动、利益格局深刻调整、思想观念深刻变化的新的历史时期。面对新的历史任务和来自各方的新挑战，全党和全国人民都需要学习和把握社会主义核心价值体系，进一步形成全社会共同的理想信念和道德规范，打牢全党全国各族人民团结奋斗的思想道德基础，形成全民族奋发向上的精神力量，这是我们建设社会主义和谐社会的思想保证。中国社会科学院作为国家社会科学研究的机构，有责任为此作出贡献。我们在编写出版《中华文明史话》与《百年中国史话》的基础上，组织院内外各研究领域的专家，融合近年来的最新研究，编辑出版大型历史知识系列丛书——《中国史话》，其目的就在于为广大人民群众尤其是青少年提供一套较为完整、准确地介绍中国历史和传统文化的普及类系列丛书，从而使生活在信息时代的人们尤其是青少年能够了解自己祖先的历史，在东西南北文化的交流中由知己到知彼，善于取人之长补己之短，在中国与世界各国愈来愈深的文化交融中，保持自己的本色与特色，将中华民族自强不息、厚德载物的精神永远发扬下去。

《中国史话》系列丛书首批计 200 种，每种 10 万字左右，主要从政治、经济、文化、军事、哲学、艺术、科技、饮食、服饰、交通、建筑等各个方面介绍了从古至今数千年来中华文明发展和变迁的历史。这些历史不仅展现了中华五千年文化的辉煌，展现了先民的智慧与创造精神，而且展现了中国人民的不屈与抗争精神。我们衷心地希望这套普及历史知识的丛书对广大人民群众进一步了解中华民族的优秀文化传统，增强民族自尊心和自豪感发挥应有的作用，鼓舞广大人民群众特别是新一代的劳动者和建设者在建设中国特色社会主义的道路上不断阔步前进，为我们祖国美好的未来贡献更大的力量。

陈奎元

2011 年 4 月

⊙陶文钊

作者小传

　　陶文钊，中国社会科学院美国研究所研究员、中美关系史研究会会长。长期在中国社会科学院近代史研究所、美国研究所工作。曾任美国研究所副所长、中华美国学会秘书长。1982年10月至1984年10月作为国家公派学者赴美国进修中美关系史。1993年下半年受英国学术院王宽诚基金资助，在英国伦敦大学亚非学院、英国公共档案馆等处研究抗日战争时期中国对外关系。主要著作有《中美关系史（1911~2000）》（三卷本）、《冷战后的美国对华政策》（主编）、《抗日战争时期中国对外关系》（合著）、《美国对华政策文件集（1949~1972）》（三卷六册，主编）等。

目　录

一 西方来客

 "他们把我们当作新国民"

1784 年（乾隆四十九年）2 月 22 日，星期日。繁忙、喧闹的纽约港，帆樯林立，船进船出。这里有一艘不起眼的不大的机帆船正要扬帆远航。它将开辟一条新的航线，驶向一个陌生的国家。这艘帆船就是即将首航中国的"中国皇后"号。水手们大概也没有意识到，他们这只小小的机帆船将打通分属于太平洋两岸的"最古老的与最年轻的"两个国家的航线，他们这次航行将成为中美两国关系的肇始。

"中国皇后"号由战时私掠船改造而成，载重 360 吨。它是当时海上普遍使用的机器发动的木帆船，由费城巨商莫里斯出面组织并联合纽约的一些商人共同投资购置。船长格林是美国独立战争时期的海军上尉，虽然文化水平不高，但有丰富的航海经验。商务代理人山茂召也是独立战争的参加者，且曾立功受奖，官至炮兵少校，精明能干，熟悉会计业务。船上还有水手等共 43 人。船上所载均系美国土货，其中有：人参

473 担，皮货 2600 件，棉花 361 担，铅 476 担，胡椒 26 担，羽纱 1270 匹。

"中国皇后"号横越大西洋绕道好望角，经印度洋，历时 6 个月，行程 20900 公里，于 8 月 28 日驶抵广州。中国人第一次直接同美国人打交道，自然感到新奇。美国人初来中国，也都谦恭有礼。山茂召在日记中写道："中国人对我们非常宽厚，最初他们不能分辨我们与英国人之间的区别，把我们当作新国民。当我们将美国地图向他们展示，并说明我们疆域扩张和人口增长的情况时，他们对我国拥有如此大的，可供他们帝国销售的市场，感到十分高兴。"他还绘声绘色地记下了一段他与中国人的对话：

"你不是英国人吧？"

"不是。"

"但是你讲英文，所以当你第一次来的时候，我说不出有什么分别；但是现在我很明白了。在我向英国人讲价钱的时候，他说：'这么多，——买吧，算了吧。'我告诉他：'不，朋友，我给你这么多。'他看着我：'滚开，瘟三，怎么！你到这里来——给我的货定价钱吗？'的确，大班先生，我看得很清楚，你不会是英国人，所以中国人都很喜欢你们的国家。"

"至此为止，"山茂召写道，"我敢说，这个人的评语是使我满意的。可是为公道计，我还不得不加上他的结语：'人们初来中国，都是非常好的君子，都像你一样。我想你多来广州两三趟，你也变得跟英国人一

2

模一样了。'"

这段对话至今读来仍令人深思。

"中国皇后"号上的货物通过中国行商全部售出；同时，又通过中国行商办齐了回程的货物：红茶 2460 担，绿茶 562 担，棉布 864 匹，瓷器 962 担，丝织品 490 匹，肉桂 21 担。船上人员还各自购置了一定数量的中国货，准备回国馈赠亲友或转卖。该船于 12 月 28 日离广州，沿原航线返回，1785 年 5 月 11 日返抵纽约。首航的全部投资是 12 万美元，净赚 30727 美元，利润率达 25％。

"中国皇后"号的首航成功在美国引起轰动。纽约报纸为此发表了长篇报道，其他商业城市的报纸也纷纷转载，纽约街头贴出了推销中国货的大型广告，中国商品受到热烈欢迎。有一家报纸甚至要纽约全城的"教堂敲起钟来，一起向上帝感恩"。美国首任总统华盛顿还从山茂召那里购买了一批中国瓷器。山茂召向外交部长约翰·杰依呈交了关于首次驶华的详细报告，报告被转交国会，并大受褒扬。山茂召也名声大振，于 1786 年被任命为首任驻广州领事，这是美国第一个驻华领事。"中国皇后"号首航成功燃起了新英格兰商人开拓东方市场、追逐利润的强烈愿望，以致使美国商人不惜冒可能患上疾病或腹绞痛而暴死的危险，也要去进行远涉重洋的冒险。一位历史学家这样描述当时的对华贸易热："在美国每一条小河上的每一个小村落，连只可乘 5 人的帆船都在准备出发到中国去装茶。"

2 白银流向中国

　　早期中美两国，只有商务往来，没有政治关系。从 1786 年以后的 50 年中，美国政府正式委派领事常驻广州总共不过 14 年，这些领事仅仅是商人或商人的代表，他们的职责限于解决商业上的一些问题及船上人员的事务，连向船主和船上管理员索取贸易报告的权力也没有。对于领事本人，这些职位只是一种荣誉，他们既不从美国政府得到薪金或津贴，也很少向美国政府汇报情况。中国政府也仅仅把他们看作商人的代表，与他们进行贸易上的联系，谈不上有什么政治关系。同样显然的是，早期的中美贸易带有浓厚的民间色彩，这些贸易是民间自发进行的，而非政府着意组织的。

　　早期中美贸易有三个明显的特点。

　　第一，美国有求于中国。

　　早在美国独立前，北美地区和中国就有了贸易关系，中国的茶叶已经享有盛誉，是当地人民的主要饮料之一，中国制作精美的瓷器兼有实用和欣赏价值，受到普遍欢迎，且已进入寻常百姓家。但当时北美大陆贸易为英国东印度公司所垄断，北美 13 州的商人不能直接进行对华贸易。独立战争后，北美 13 州赢得了自由，但新诞生的合众国面积仅 32 万平方公里，人口只有 200 万。由于英国的残酷掠夺，美国的社会经济生活各方面都遇到严重困难，国库空虚，财政竭蹶。

英国仍然把美国当作敌国，对美国货课以高额关税，不许其船只驶入加拿大与英属西印度洋群岛；法国、西班牙等也对美国实行贸易歧视；北美 13 州国内市场狭小，所有这些情况迫使美国商人开辟新的海外市场。中国这样一个地大物博的国家，这样一个潜在的巨大市场，自然使他们趋之若鹜。

而清政府以"天朝上国"自居，实行闭关锁国政策，以为"天朝物产丰盈，无所不有，原不借外夷货物以通有无"，把对外贸易看作对外国的"体恤之恩"。这种说法自然表现了清政府统治观念的落后、狭隘，但它也在一定程度上反映了实际情况。中国本身是一个比欧洲地域更广、人口更稠密的贸易区，且中国经济自给自足，不需要什么美国货。就当时的实际经济水平来说，中国比美国富庶。

第二，中美贸易发展迅速。

尽管清政府对外商在华贸易和行动加以种种限制，外贸限在广州一处口岸，由专营对欧美贸易的行商（即所谓公行，通称十三行）组织起来办理，行商担保外商缴纳税饷，负责约束外商在广州的居住和行动，等等，但所有这些限制都不能削减美商发展对华贸易的热情。从 1791 年到 1841 年的 50 年中，美国对华贸易额增长 6 倍多。1792 年后，中美贸易额仅次于中英贸易额，在中国对外贸易中居第二位。19 世纪上半期，美国对华贸易仅次于美国对英、法、古巴的贸易，在美国对外贸易中居第四位。从乾隆五十年（1785）到道光十八年（1838）的 54 年间，来华外国商船共 4519

艘，其中 1/4（1150 艘）为美国船。以 1784 年与 1833
年作比较，美国输华货物从 27290 银两增至 1766692
两，从欧美各国输华总值约 1.4% 增至 19.3%；同时
期中国输美货物从 15864 银两增至 3321266 银两，从中
国对欧美各国输出总值的 0.3% 增至 24.7%。虽然中
美之间贸易额仍远逊于中英贸易，但已超过中国对其
他欧洲国家的贸易。

中美贸易迅速发展的主要动力来自美国资本主义
发展对国外市场的需求，以及美国政府采取的保护对
华贸易的政策。比如，1791 年国会通过保护对华贸易
的关税政策，外国船只运进的中国货每吨征税 0.46 美
元，而美国船载运中国货进口每吨仅征税 0.125 美元，
仅为外国商船的 1/4，同时又允许茶叶税延期两年缴
纳；1832 年美国对直接从东亚运来的茶叶第一次完全
免税，对大部分中国货也减低税额，这个办法一直实
行到 1842 年。

第三，中国大大出超。

在殖民地时期，英国政府颁布了一系列法令，压
抑和禁止北美工商业的发展，使殖民地完全成为宗主
国的原料供应地和商业销售市场。北美经济以农业为
主，工业非常微弱，且主要是手工业。独立后，美国
在相当一段时间内仍是农业国，没有什么工业品可供
出口。因此在早期中美贸易中，中国一直享有顺差，
美商主要用白银支付逆差，使中国得到相当多的硬通
货。据统计，1805～1833 年间美国输华货物总值为
50294001 美元，白银为 89447817 美元，为货物总值的

1¾倍多。这些银元主要是墨西哥银元和西班牙银元，还有一部分是美国通过和其他国家的贸易获得的。

美国输华商品按其来源可分西方产品和东方产品两大类。所谓西方产品是美商运自本国、北美的土特产和从欧洲贩运来华的工业制品，其中以人参、皮毛和棉花为大宗；所谓东方产品是指美商在来华途中停泊于太平洋和印度洋各港口时沿途收购的商品，如斐济的海参、巴达维亚的糖和咖啡、苏门答腊的胡椒、夏威夷的檀香木、孟买的棉花、菲律宾的大米以及土耳其和印度的鸦片。

中国输美的商品主要是茶叶、丝绸、土布和瓷器。

一直到鸦片战争前，茶叶在中国输美商品单上稳稳地坐着第一把交椅。1817～1845年，中国输美茶叶平均占输美商品总值的58%以上。18世纪的最后10年中，输美茶叶平均每年1.7万担，而1831～1840年的10年间，上升到年均11.36万担，增长了5倍多。这些茶叶并非全部运回美国市场，相当一部分辗转销售于世界各地，或输入美国后又出口至其他国家。

丝绸和生丝在美商购货单上也占有重要地位。在1821～1831年的11年间，有10个年份丝绸和生丝占全部输美商品的1/3以上。1832年美商购买的中国丝绸为英商的4倍。19世纪中期以后，由于美国丝绸工业的兴起，以及日本生丝的竞争，中国丝绸在美国市场的优势逐渐丧失。

中国土布价廉物美，在西方国家有广阔市场。19世纪20年代以前美国纺织工业弱小，只能以棉花来换取质地坚牢的中国土布。1826 年以前，美国是中国土布的头号买主。此后，随着美国纺织工业的兴起，土布输美逐年减少，及至 40 年代，风水倒转，已不是中国土布输美，而是美国洋布输华了。

中国瓷器既是日常用品，又可用作高雅的装饰品，或馈赠亲友的礼品，受到北美人民的青睐。"中国皇后"号就带回了一批瓷器，其中有些是定做的。印有"皇后"号帆船图形和广州风光的瓷碗、瓷盘，现在仍被珍藏在各地的博物馆中。有人估计，《望厦条约》以前运往美国的中国瓷器有数百万件。这些瓷器已经远远超过了商品本身的价值，而成为中美两国文化交流的一种载体。

第四，中美两国都从贸易中获利，但利润的社会效果不同。

早期的对华贸易养肥了一批美国资本家，有时他们赴华一趟竟可赚取百分之数百的利润。这些美国商人于是成为国内的投资巨头，或用来发展船舶制造业和其他与对华贸易直接有关的事业，或投资于本国的资本主义大工业，成为美国第一代产业资本家或铁路巨擘，或从事金融、房地产事业。美商阿斯特从 1800 年到 1809 年在广州的贸易中获利 50 万美元，其中大部投资于曼哈顿的房地产业；他还是中央铁路公司的大股东，死时留下 2000 万美元遗产。波士顿的珀金斯从对华贸易中所赚的钱远远超过阿斯特。他在中国大发其财后，投资于房地产和铁路，他还拥有一家铁矿公司和一座铅矿，并开设了纺织厂。珀金斯公司的代理人1803年到广州，后主持公司生意，1831年带着近百万美元回国。后起的琼记洋行和旗昌洋行的行东也先后把从对华贸易中积聚起来的财富带回国内，成为新英格兰地区纺织工业的开拓者和密歇根中央铁路公司的大股东。总之，从对华贸易中获取的商业利润转化成了工业资本，促进了美国资本主义的发展。

中国带有买办倾向的特许商人和清朝官吏也从早期中美贸易中大获其利，银元滚滚不断地流入了他们的钱囊。不过，他们的利润却没有转化成资本。他们或者把金钱投向农村，购买土地进行封建剥削，或者长年累月存放家中，或者挥霍无度，不用于扩大再生产。这种利润基本上没有起到促进中国民族资本主义发展的作用。

上面已经说到，中美贸易中国享有很大顺差，美商不得不满载着银元到中国购货。但美国不是白银生产国，通过和其他国家贸易获得的白银，数目毕竟有限。19世纪初，美商找到了一种可以替代白银的商品——鸦片。鸦片毒害人们身心健康，清政府早在1729年就明令查禁，以后又一再重申不得进口。但清政府愈禁，走私鸦片的非法利润也就愈高。起先是葡萄牙、荷兰商人从事这一罪恶勾当，后来英商成为主要鸦片走私者。美商走私鸦片大约始自1805～1806年间。美商一般从地中海、土耳其购进鸦片到中国销售，或间接贩卖印度鸦片。因为是走私，人们无从得知其确切数额。有的资料表明，1816～1833年间美商走私鸦片总额6495901美元，约为输华货物总值42705871

美元的 13%。美商的鸦片走私活动是早期中美关系中的一个重大污点。

平等互利的贸易关系是早期中美关系的主流。但是美国商人的鸦片走私，资本主义上升时期的扩张欲望与清朝封建统治者闭关自守、力图与世隔绝的政策之间的矛盾，以及中国传统文化与西方文化间的深刻冲突，已经潜藏着改变这种平等互利关系的因素。

 3 传教士来到中国

随着商人来到中国的是传教士。1830 年，美国海外传教会在美商赞助下派裨治文和雅裨理来中国，开美国传教士来华之先河。此后美国新教传教士接踵而来。据统计，1830～1847 年间，各国派到中国的新教传教士共 98 人，其中美国 73 人。美国传教士来华并非完全是由于宗教的召唤。美国人自立国起就以"上帝的选民"自居，认为美国与众不同，美国不是一个历史形成的国家，而是依据这样一些原则建立起来的国家，这些原则应当成为全人类行为的共同规范，美国人的思想、价值观念、民主制度是最优越的，有向全世界推广的责任。这种"天定命运"观，是与宗教信仰相联系的一种传教狂热。这些传教士来到中国，既是为了传播基督教教义，也是为了传播美国的价值观。美国在对外关系中特别重视意识形态、文化宣传的作用，这是美国外交的特点之一。

由于清政府禁止基督教流传，这些传教士只好转弯抹角地通过各种途径扩大自己的影响。

他们在中国从事出版、译述、医务和教育等工作。由裨治文主编的英文月刊《中国丛报》（1832～1851），又译作《中国汇报》，广泛介绍中国的政治、经济、宗教、历史、风土人情等各方面情况，以及从清廷到地方各级官吏的情况，中外交涉、中外贸易的状况，译载清政府的上谕及大臣奏折，对帮助外国人了解中国和促进中美贸易起了作用。当时广州的外商从这些刊物中获益匪浅，对中国认识还很肤浅的美国政府，也以此作为制定政策的重要参考。日后中美《望厦条约》中的许多条款，就是根据《中国丛报》提供的情况和建议拟定的。

1834年12月，在华英美传教士及一部分商人组成中国益智学会，编印通俗宗教宣传品，并向中国人介绍西方史地知识。裨治文编的《美理哥合省国志略》（1838年在新加坡出版），是第一本用中文撰写的全面介绍美国历史地理的书籍，它成为中国朝野了解美国的主要依据。早年睁眼看世界的开明、先进的爱国者魏源在增订《海国图志》时，有关美国的材料几乎2/3取自该书，梁廷枏的《合省国说》也以此书为主要资料来源。卫三畏1833年来华，在广州为美国公理会创办印刷所，还研习汉语、日语，先后出版了《简易汉语教程》（1842）、《中国地志》（1844）、《中国总论》（1848）等著作。在此之前美国学者没有出版过一本关于中国文化历史的著作，他的《中国总论》一度成为外国人了解中国必读的书。

11

美国教士还在广州开设医院。1835 年 10 月，传教士彼得·伯驾开设了"眼科医局"，受到广州各界的赞扬，6 个星期之内就有 450 人到该医局就诊，行商伍敦元还给了不少资助。林则徐到广州后，也曾间接向伯驾求医问药。

美国教士还通过创办学校直接向青少年灌输基督教教义。1836 年，寓居广州的外侨成立了马礼逊教育会，由美商奥立芬赞助，裨治文任秘书。他们集资办学，并呼吁英美教育界派遣教员来华。耶鲁大学几名教授作出热烈反应，于 1838 年 10 月派该校毕业生勃朗来华。1839 年勃朗夫妇在澳门开办了马礼逊学校，但在科举制度下，中国士大夫阶层把子弟送到外国人办的学校就读不啻是断送他们的前程，因此入学者寥寥无几。1841 年只有 6 个学生，其中之一是容闳。1842 年学校迁往香港，鸦片战争后，由于迫切需要通事（翻译）人才，入学人数才有所增加，1845 年达 30 人。学校课程除汉语外，还有基督教教义、英语、算术、代数、几何、生理学、地理、历史、音乐等，这是在中国传播西学的第一所洋学堂，它给予学生的知识自然比中国封建的学塾丰富。勃朗夫妇于 1847 年返美，容闳等三名学生随他们前往美国。这是第一批中国留美学生，容闳等在勃朗及美国友人帮助下，就读于马萨诸塞州的芒松学校。容闳后来考上耶鲁大学，成为该校第一名中国学生。勃朗是第一个向中国学生系统传播西学，促成中国学生留美的外国人。

由于清政府禁止基督教流传，也由于基督教教义与中国传统文化格格不入，传教士虽然多方设法，但传教活动却收效甚微。到 1839 年领洗者不到 100 人，而且主要是给外商服役或经营外贸的下层人士。

总之，早期美国传教士在华传教的同时，也把西方的新知识介绍到中国，他们的文化活动，成为先进的中国人了解西方的重要媒介，在客观上起了推动中西文化交流的作用。

二　条约关系

 　《望厦条约》的订立

　　自从英国在 1840～1842 年的鸦片战争中用洋枪洋炮轰开了古老中国的大门，并迫使清政府签订了屈辱的《南京条约》，中国便进入某些西方学者称之为"条约体系"的时期，即：资本主义大国通过武力威胁、侵略战争或其他手段把一系列不平等条约强加于中国，使中国社会一步一步陷入半殖民地的时期。

　　《南京条约》的签订拆除了列强入侵中国的藩篱，美国政府紧接着采取了行动。一直密切注视着中国情况的马萨诸塞州众议员顾盛于 1842 年 12 月 27 日写信给泰勒总统，建议遣使赴华，与中国订立与《南京条约》相类似的条约。泰勒立即批准了这一建议，并委任顾盛为赴华特命全权大使。1843 年 5 月 8 日，国务卿韦伯斯特根据从事对华贸易的美商的意见，训令顾盛来华攫取英国人已经得到的全部利益，并指示他径直前往北京，向中国皇帝交上总统国书，但决不能对皇帝叩头，因为这不仅有损美国国格，而且违背基督教教义；训令要求顾盛强调美国的昌盛富强，强调美国与英国处于平等地位，与英国不同的是，美国不占有任何殖民地；训令不许顾盛介入中国与欧洲国家的纠纷，并避免给别的国家以攻讦的借口。

顾盛接受使命后，即着手进行准备。他搜集和阅读了不少关于国际法和有关中国的资料，以丰富对中国的理解。联邦政府为了表示对使团的重视，调遣4艘军舰组成随行舰队。1843年7月31日顾盛一行离华盛顿，使团选择的航线是：从美国横渡大西洋，穿过地中海，渡红海、阿拉伯海、孟加拉湾，入南中国海到中国。全程历时208天，于翌年2月24日到澳门。清政府认为"各国纷纷请觐"、"与旧制有乖"，拒绝他进京。顾盛威胁广东巡抚说："按西洋诸国成规，若不款外国使臣，即是欺藐其国，是与人以出师之名矣。"他还命令美国军舰"没兰地湾"号闯过虎门，开到黄埔，借口鸣礼炮，进行恫吓。

清政府无奈，派出新任两广总督耆英为钦差大臣到澳门与顾盛谈判。清政府的方针是：对外国"一视同仁"，既然已许英人通商，美国也可一体通商；大清朝旧制必须维护，决不许使节进京，因为这将引起是否叩头礼拜的礼仪之争，于朝廷体面大有关系，自然，外使进京也将破坏闭关自守的方针。对顾盛来说，进京或威胁进京是顺利订约的手段，而耆英却把维护清朝的"定制"、阻止顾盛进京作为他谈判的主要目的，因此对顾盛提出的条件几乎无不相从。经过半个月的交涉，耆英和顾盛分别代表两国政府于1844年7月3

日在望厦村订立条约 34 款。耆英认为，《望厦条约》"大致尚与新定章程（指《南京条约》和《五口通商章程》——引者注）约略相仿"，"似与通商大局无碍"。实际上，美国根据利益均沾的原则，取得了中英条约中除了割地、赔款的种种特权，还获得了更多的权益。顾盛自诩有 16 处超过了中英条约。这些新的权益主要是：

（1）领事裁判权。《望厦条约》规定，无论美侨之间，美侨与中国人，还是美侨与其他外籍侨民的诉讼案件，均由美国领事审讯，中国官员不得过问。从此美国人在中国就不受中国法律约束了，这是对中国司法权的严重侵犯。

（2）剥夺中国的关税自主权。条约规定，中国日后要修订关税率（中英《五口通商章程》定税率为值百抽五），"须与合众国领事等官议允"。美国据此取得了参与确定中国关税的特权。

（3）侵犯中国领海权。条约给予美国兵舰到各通商口岸"巡查贸易"的特权，中国官员非但不能管辖，还要"以平行之礼相待"。这样美国军舰便可以在中国领海自由游弋，在通商口岸任意出入。

（4）文化方面的特权。条约准许美国人在通商口岸租地建房，开办医院，设立教堂，为美国在中国进行文化宗教渗透提供了便利，并成为列强进一步勒索的先导。

对于这样一个条约，美国政府和舆论是十分满意的。泰勒总统称赞顾盛完成了政府交给的重要任务，通过签订条约，美中关系被置于对美国商业和其他方面特别有利的基础之上。美国报刊也纷纷发表文章，认为顾盛的出使成功地"开始了在商业世界仅次于发现新大陆的一个新时代"，美国对华贸易处于比英国更有利的地位。发展对华贸易已成为美国的天职。

在当时中国与外国相隔绝的情况下，在那种只知维护定制而不知维护主权，甚至以牺牲主权来维护定制的陈腐观念支配下，清政府不可能了解条约的作用和影响，更不能洞察其将带给中国的深远的严重后果。因此，它对条约竟也表示"满意"，因为它基本与中英条约一致。美国所满意的是获得了新的权益，清政府所满意的是维护了旧的制度。

在顾盛谈判《望厦条约》时，传教士裨治文和伯驾不仅为之充当翻译，而且为之出谋划策。顾盛初到澳门时，他们就对顾盛说，在中国人"没有同外国人较量的愿望或打算时，威胁是有效的"，以此帮助顾盛确定其谈判战略。顾盛感激裨治文和伯驾对他的帮助，赞赏他们"对中国有广博和准确的知识"，"功勋卓著，值得称赞"。正因为这样，美国政府在 1846～1857 年间先后 6 次让伯驾负责公使馆工作。

《望厦条约》的订立使中美两国间的正式外交关系从一开始就建立在不平等的基础上，这不能不给以后中美关系的发展蒙上浓重的阴影。

中国开放五口通商以后，对外贸易有了较大发展。中美贸易从 1845 年的 950 万美元增加到 1860 年的 2250 万美元，其间美国对华输出增加了 3 倍。外国商品涌入中国，使中国小农业和家庭手工业相结合的自然经济开始受到冲击。中国土布原是欧美市场上的抢手货，1820年以前每年从广州大量出口。随着美国马萨诸塞州纺织中心的逐步建立以及英国纺织工业的进一步发展，中国土布出口逐渐减少。到了19世纪40年代，棉织品成为美国输华最主要的工业品，美国出口的棉布有1/3到了中国市场。这就使江苏、浙江、福建等沿海省份本来很发达的棉纺织手工业受到沉重打击。手纺车和手织机竞争不过纺织机械，中国社会自然经济解体的漫长过程开始了。

《望厦条约》订立后，美国在通商口岸的传教活动很快发展起来。1842～1847年间，各国来华新教传教士共54人，其中美国传教士39人。截至1850年，美国在华传教士共88人。他们在通商口岸设立印刷厂，印制宗教宣传品，创办学院、医院，为以后传教活动的进一步发展打下了基础。

随着五口开放通商，外国开始根据不平等条约在通商口岸划定供外侨"居住和经商"的一定区域，即租界。租界首先在对外贸易中心上海出现。1845年，英国率先在上海划定租界。1848年，以主教文惠廉为首的美国圣公会教士在苏州河北岸虹口建造教堂，美国侨民也纷纷在那里购置土地，建造房屋。文惠廉经与上海道台一再交涉，后者才允以该地作为美国人居留地，1863年6月正式划定了界址。9月，上海英美租界合并成公共租界。英美领事攫取租界的行政管理权、警卫权、司法权，两国并在租界驻扎武装部队，使之成为独立于中国行政系统的"国中之国"。上海公共租界的殖民地制度是旧中国租界中最完善、最典型的。

2　《天津条约》的订立

《望厦条约》第24款规定，两国可于12年后，对五口贸易办法进行修订。但美国却要利用这一规定，进行大大超出上述范围的"修约"。1856年10月，英法侵略者发动了第二次鸦片战争，美国政府认为这是坐收渔利的好机会。1857年5月，美国政府派列卫廉为特命全权公使、卫三畏为副使来华，并指示他们以一切和平的方式，同英、法两国公使合作，相机行事，力争更大的利权。英、法侵略军于1857年底占领广州后，列卫廉同英、法、俄使一起从广州北上。英、法联军于1858年5月攻下大沽炮台后，清政府派大学士桂良、吏部尚书花沙纳到天津议和，并分别于6月26、27日签订了中英、中法《天津条约》。

美使北上目的原是为了修改《望厦条约》，要求赔偿美侨生命财产损失。清政府实行"以夷制夷"的政策，企图联俄、美以制英、法。美国公使则利用清政府的幻想，诱使清政府在与英、法订约之前（6月13日）订立了中美《天津条约》，真正达到了坐享其成的目的。事实使直隶总督谭廷襄认识到，"英法阳示其恶，美俄阴济其奸。强弱不同，其为贪得无餍，则均归一辙"。桂良等更报告说：美使"语言傲慢，借英夷为恐吓……不过欲享渔人之利"。美国历史学家丹涅特十分形象地描绘说:"美国特命全权公使奉派到世界彼端(中国),手携篮筐,站在树下,静待树上的同伴将果实摇落,甚至还奉命当树上的两个人和果木园主发生纠纷时,出面调解。"

《天津条约》签订后,英、法侵略者坚持要在北京换约,并于1859年6月再次向大沽炮台发动突然进攻,受到守军坚决抵抗。当时在场的美国舰队司令官达底拿看到英法舰队受挫,不禁高呼:"血浓于水",宣称他不能"坐视白种人在他的眼前被屠杀",遂指挥美舰向大沽炮台开炮,并援救受伤的英国士兵。英、法政府对清朝军队的抗击老羞成怒,急忙增派远征军来华,攻陷大沽,进犯北京,焚烧圆明园,最后于1860年10月迫使清政府订立了《北京条约》。根据最惠国条款,清政府给予一国的权利,其他国家亦得均沾,因此清政府与英、法、俄、美签订的这一系列条约,除了个别特殊规定(赔款、边界)外,其他利权都是各国共同享受的。它们主要是:

(1)允准各国公使驻北京,为各国对清政府施加影响并进而控制这个政府提供了方便。

(2)规定新开沿海7个口岸(牛庄、天津、登州、台南、淡水、潮州、琼州)和长江4个口岸(镇江、南京、九江、汉口),使通商港口增加到16个。

(3)赋予英国人"帮办税务"的特权,使海关管理权落入外人手中;条约还规定子口税率为值百抽2.5。

(4)使鸦片贸易合法化。

（5）允许外国传教士在内地传教。

（6）准许华工到外洋别地工作，"毫无禁阻"，从而使外国侵略者称为"猪仔"贸易的掠卖华工合法化。

由于《北京条约》和《天津条约》的签订，清政府的闭关政策完全失败，中国丧失了更多的主权，半殖民地的灾难更加深重了。

蒲安臣与《蒲安臣条约》

天津、北京的一系列条约订立后，中外关系的情况有所变化。列强要把新近取得的条约权利变成实实在在的权利。一方面，它们相互之间在重大问题上要互相协调，进行合作，不是某一国或两国采用军事手段，而是各国联合起来采用比较温和的外交手段来达到目的；另一方面，它们要维持清政府的统治，在贯彻实行条约方面与清政府合作，并且造成一种使条约的规定能够付诸实施的环境。清政府当时面临着席卷半个中国的太平天国农民起义的严重威胁，它把镇压太平天国、维护清廷统治作为当务之急。于是就产生了所谓列强与清政府的"合作政策"，而美国驻华公使蒲安臣则是这种政策的积极倡导者。

蒲安臣，1820 年生，1846 年毕业于哈佛大学法学院，随即当律师，三度当选为众议院议员，1861 年被任命为驻华公使，1862 年 7 月到北京。他来华不久，国务卿西华德就指示他在华实行"协商与合作"主义，在一切重大问题上，尽量同英、法等国合作。蒲安臣把这一政策的内容概括为：在维护我们的条约权利所必需的范围内保卫条约口岸，支持外国人管理下的海关，支持中国政府维护秩序的努力，不干预中国政府对其人民的管辖，也不威胁中华帝国的领土完整。说得再概括一点，合作政策的根本目的就是维护美国的条约权利。

列强在华的"合作政策"首先表现在支持清政府镇压太平天国革命运动。早在1860年6月，美国人华尔在清政府地方官署支持下招募在上海的外国冒险家和亡命之徒组成"洋枪队"，从太平军手中夺取松江，因而受到上海官僚买办集团的重视。1861年8月，华尔改组军队，招骗中国人为士兵，而以欧美人为军官，用新式武器装备，进行新式训练。到11月这支军队发展到2000多人。1862年初，太平军由浙江进军上海，华尔的军队帮助清军阻止了太平军的进攻。清政府授华尔四品顶戴花翎，并称他的军队是"常胜军"。8月，华尔在进攻慈溪太平军时毙命。蒲安臣赶忙向清政府表示，应该选一个美国人来接替华尔的职务。在与英、法进行一番竞争后，原来华尔的助手、美国人白齐文担任了"常胜军"的管带。1863年初，白齐文的职务为英国人顶替，这支军队也为英国人所控制了。翌年，太平军在清政府和外国侵略者的联合残酷镇压下归于失败。

太平天国起义失败后，列强积极扩张其在华势力，把通商口岸从沿海推向内地，中国社会的半殖民地半封建形态逐渐形成。当时外国公使已经驻京，他们与清政府打交道的机会大大增加。一些外交官及海关总税务司赫德常常向清政府提出各种建议，给大臣们出谋划策，其中尤以蒲安臣与恭亲王奕䜣和总理衙门大臣关系最为密切，成为第一个对清政府享有重大影响的外国公使。

1868 年蒲安臣任满。当时清政府正担心各国乘修约之机（中英《天津条约》规定 10 年后对条约进行修订）肆意要挟，想遣使出洋，"笼络"各国，为修约作准备，但苦于没有适当人选。蒲安臣毛遂自荐，总理衙门于是聘请他为中国全权特使，并派两名中国官员随同出使，访问欧美各国，但未授权他订立条约。这是中国向欧美派出的第一个外交使团。

1868 年 2 月，蒲安臣竟擅自越权，于 7 月 28 日与美国务卿西华德订立了《中美续增条约》（即《蒲安臣条约》）八条。用西华德的话说，这个条约中"囊括了当前美国政府认为亟须用修改 1858 年条约的办法来加以调整的全部主要事项"。条约主要内容为：

（1）条约重申了 1858 年《天津条约》保护传教士的规定，进一步为美国在通商口岸的内地传教扫清了道路。从 1868 年到 1918 年是美国在华传教事业大发展的时期，美国派到中国的传教士达 2500 多人，占了它派往海外传教士 8000 人的 1/3 强。无论在传教、办学和开办慈善事业方面，美国都超过其他西方国家。随着传教事业的迅速发展，中国人民的反洋教斗争也此伏彼起。条约的此项规定，正是为了使清政府更明确地承担镇压中国人民反洋教斗争的义务。

（2）条约规定，两国人民均可在对方进入大小官学，并受最惠待遇，双方都得在对方设立学堂。这一规定与上一条密切相关。几十年来美国传教士在华惨淡经营，收效甚微，正如有的传教士所抱怨的："我们的传道听的人少嘲笑的人多，大多数人不予理会。"美国教会认为办学能争取更多群众，尤其是影响上层知识分子，通过教育灌输西方文化是使中国"基督教化"的基础，因此特别注意办学。1869 年在华基督教学校共有学生 4389 人，1876 年增至 5917 人，其中大部分是在美国教会系统。同时，《蒲安臣条约》也刺激了清政府选派青少年赴美留学。容闳于 1868、1870 年两次提议派留学生赴美，曾国藩、李鸿章等出于搞洋务的需要支持这一主张。从 1872 年到 1875 年，清政府共选派詹天佑等 120 名青少年赴美，这是近代中国第一批官费留学生，也是中国大规模直接向西方学习的开端。这些留学生回国后，在我国造船、铁路、采矿、机器制造、电讯各业中均发挥了重要作用，成为我国第一代工业技术专家。

（3）条约规定，两国人民可随时自由往来，或游历、或贸易、或久居，不得禁阻。这比《北京条约》的有关规定又进了一步，美国据此得以扩大招收华工。

蒲安臣使团在美国停留 5 个月，然后又访问了英国、法国、瑞典、丹麦、荷兰、普鲁士和俄国。1870 年 2 月蒲安臣病死在圣彼得堡。

三 华工血泪

 谋生在异国他乡

　　早在 1785 年，已有华人海员到达美国东岸。据美国官方统计，从 1820 年到 1841 年共有 13 个华人到美国。大批华人抵美则是 19 世纪 50 年代及其以后的事。

　　1848 年美国加利福尼亚金矿的发现，美国中西部的开发，横贯北美大陆铁路的建筑都需要大量的劳动力。而在铁路建成以前，人们从美国西海岸到东海岸比中国人漂洋过海到东海岸更加费时费钱。美国资本家看上了刻苦耐劳、生活要求极低的中国劳工。而当时的中国是个动乱之邦。清政府的腐败、南方的战乱和自然灾害、人口的增加和耕地面积的减少、农村自然经济的破坏，所有这些原因加在一起，迫使珠江三角洲难以维持生计的农民和手工业者以及少数指望发财的商人奔赴异国他乡谋生。1848 年有 3 名中国人到旧金山，第二年有 323 人，1850 年又有 450 人。60 年代移民数猛增，从 1850 年到 1859 年，赴美华人约达6.6 万人。这些移民来自广东省的十一二个县，尤其是所谓"三邑"(南海、番禺、顺德)和"四邑"(新会、台山、开平、恩平),其中来自台山的占了60%。

华工大部分是作为赊单苦力赴美的,即由债主(或苦力掮客)与苦力签订契约,债主预先替苦力垫付旅费,到了美国,掮客或其代理人强迫苦力到矿上做工,或把他们租给别的雇主,苦力用劳动收入还债并偿付利息,在债务还清之前没有人身自由。苦力没有公民权,不能出庭作证,不受法律保护。

《蒲安臣条约》订立以后,由于有了条约规定,赴美人数大增。订约后的10年间,每年都有万人以上华工赴美。

华工对美国西部的开发作出了巨大的贡献。华工把加州广阔的涝洼地变成良田,到1877年底已开垦了500万英亩。该年的美国官方报告承认,由于利用了廉价的华人劳动力,加州和太平洋沿岸各州资源得到迅速开发。加州矿工的半数以上,农业劳动力的75%是华人。他们参加田园劳动,参加排涝、筑堤、防洪、防潮等工程,把传统的农业技术和耕作知识传播给当地的农场主,成为加州"果园主的支柱",帮助加州农业跨进世界市场。他们创办了加州的渔业,也为雪茄制造业、纺织、成衣、制鞋和其他城市服务行业提供了技术和劳力。

华工还对于美国的铁路建筑作出了卓越的贡献。以华人为主体(占90%)的中央太平洋铁路公司的工人们越过内华达和落基山脉的崇山峻岭,在恶劣的气候条件下筑成中央太平洋铁路(加利福尼亚的萨克拉

门托到内布拉斯加的奥马哈）的西段；在修筑南太平
洋铁路（旧金山经尤马、图森到得克萨斯州）时，被
雇佣的华工约占工人总数的 75%；1.5 万名华工参加
了修建北太平洋铁路（明尼苏达州的德卢斯到俄勒冈
州的波特兰）；华工还参加修建了从堪萨斯经阿尔伯克
基到洛杉矶的铁路和其他铁路。这些铁路的建成从政
治上有利于美国这个统一的多民族国家的形成，从经
济上大大促进了中西部的开发和整个国家的繁荣。而
华人被有的主管工程师称为是 "全世界最好的铁路工
人"。中央太平洋铁路公司首任董事长、加州首任共和
党州长利兰·斯坦福在 1865 年 10 月 10 日给安德鲁·
约翰逊总统的一份报告中是这样评价华工的："作为一
个类型，他们朴实、和平、忍耐、勤劳和节俭……如
果没有他们，就不可能在国会法案所规定的期限内完
成这一伟大的全国性工程（中央太平洋铁路）的西
段。"

早期中国移民有以下几个特点。

第一，他们来到美国，只为挣钱，不为久居。他
们绝大多数是单身来到异国他乡，在国外辛勤劳作，
省吃俭用，把积蓄下来的钱汇回中国的家庭。他们过
若干年回国探亲，或许不再出国，即使再出国，也往
往叶落归根，最后总要回到老家。据统计，1876～
1901 年间从华南出国的移民约 480 万，其中约 400 万
回国了。这就是说，他们到美国只是抱着作客思想，
临时寄居，而不想落地生根。

第二，早期华人的居住地段十分分散又很不固定。

华人人地生疏，又缺乏交通工具，常常在车站、码头附近择地而居。随着华人到各地淘金、修路、拓荒、捕鱼，为他们服务的商店也跟着出现，许多"中国营"或"中国里"，创立起来，也就出现了大大小小的华埠。1853年报上首次出现了华埠的名称。及至工作结束，华人即迁徙他地，另谋职业。如在淘金时期，加利福尼亚和内华达山区及萨克拉门托上游沿岸地区的大小华人聚居区，极为繁盛，但在淘金后期，山空人去，华人聚居区随之消失。在科罗拉多、怀俄明、爱达荷的一些地区，也有同样情况，在采矿业衰退后，经济不景气，华人他迁，华埠消失。

第三，早期华人与其他种族混杂在一起，在居住方面并未形成种族隔离的状况。旧金山是华人登岸之地。华商纷纷在这里开设商店，以供应华人各种物品，尤其是粮食和衣物，但华人商店并不是集中在一个地区，而是分散在市内几个地方。

2 排华风潮

华工在美国备受歧视和压榨。修筑中央太平洋铁路的华工工资最多不过白种工人的1/3。华工还被课以种种苛捐杂税，如人头税、矿工税、产业税等。1852年加州议会通过征收外籍矿工执照税法，向华工每人每月收人头税3元，一度增至4元。1862年州议会又制定警察税，规定华人18岁以上未交人头税又无工作者，每人每月交税2元。

中央太平洋铁路于 1869 年完工后，部分华工在中西部定居下来，有的去了东部，但多数回到加州待业。铁路通车后，坐火车横穿大陆省时省钱（车费仅 40 美元），大量白种工人向西海岸迁移，仅 1873～1875 年间，火车就从东部各州运来了 2.6 万人，其中 1/4 是求职的工人；而这时华人移民也达到高峰。1873 年美国爆发了经济危机，1876 年加州冬季大旱（冬季是加州的雨季），小麦颗粒无收，果园牧场也受到严重损失，大量农户破产，失业队伍更加扩大，在"可怕的70 年代"，100 万游民浪迹全国，加州就有 5 万到 10万。

资产阶级为了转移本国工人的不满视线，把工人失业和居民生活水平下降归咎为外来移民，特别是中国移民。他们进行蛊惑宣传，攻击华工"偷窃国家的财富，把金子运回中国去"，反华成了不少报刊的主题，《纽约时报》甚至危言耸听地警告说，西部各州正在变为"中国的殖民地"。外来的白种工人有的加入了美国籍，有的与美国工人一道进行劳工运动，中国工人因为种族、语言的隔阂，难以与美国工人打成一片；又因为祖国贫弱，组织涣散，难以成为一支统一的力量，保护自己的利益。白人种族主义者拣软的欺，对华工进行迫害。爱尔兰人加尼纠集一些落后工人，于1877 年 8 月组成加利福尼亚工人党，又称沙滩党，以鼓吹排华为己任，叫嚷："白人男女……决不能和哪怕一个中国苦力，像同胞一样在一起生活"，要"以最大的速度并尽我们的一切力量，全部清除国内廉价的中国劳动力"。他们到处对华人进行敲诈和迫害。与此同时，"反华俱乐部"、"人民保护同盟"、"拯救同盟"等五花八门的排华组织也在西海岸应运而生。加州各地到处发生针对华人的暴力行为，1871年洛杉矶发生集体屠杀华人事件，22人丧命，好几万人被赶出家园，价值3.5万美元的财产被盗。

旧金山是华人到美登岸之地，这里的华人自然是最多的。据统计，当时全市人口29万余人，其中1/4为华人，共7万余人。国会利用这种个别现象，任意夸大，谎称加州白人有被华人压倒的危险，要求政府与中国改订移民条约，限制华人入境。

1880年美国政府派安吉立使团来华，专就限制华人入美与清政府签订了《续修条约》，又称《安吉立条约》。该约规定，对已在美国的华工，"美国应即尽力设法保护"，对"续往美国承工者"，"定人数、年数之限"。这一条约取代《蒲安臣条约》后，美国国会便于1882年通过了《排华法》。该法规定，停止华工入美10年，州法院和联邦法院均不得批准华人归化为美国公民。其实，在当时美国总人口5015万人中，华人只有10.5万，即占总数的0.2%。1884年美国会又通过补充法案，规定华人不管来自世界上任何地方，都算中国人，并将华工的定义扩大，包括小贩、洗衣者、渔民等。1888年的《斯科特法》甚至规定，华工出境后即不得回美，致使2万多名回国探亲和600余在返美途中的华工不得重新回美，在美华工从此再不敢回国探亲。1892年的《吉尔里法》规定，延长1882年

《排华法》10 年。1902 年美国又再度延长《排华法》10 年。两年后又一法案干脆规定，《排华法》无限期延长。自 1882 年以后，入美华工人数急剧减少，到 1892 年已无华工入境了。

根据《蒲安臣条约》和《安吉立条约》，美国政府有义务保护在美华工，但华工的生命和财产安全实际得不到保障，而且正是在上述一系列《排华法》的怂恿下，迫害华人的暴力行为层出不穷。最骇人听闻的是石泉矿区惨案。1885 年 9 月 2 日，怀俄明州石泉矿区的华工住宅遭到白人种族主义者突然袭击，酿成惨案，28 人被杀害，另有 11 人被活活烧死，许多人被打伤并赶出家门，财产损失约 15 万美元。反华暴行如同瘟疫一般在西海岸蔓延。华人朝不保夕，人人自危，生活在一片恐怖之中。

排华运动的后果之一，是对唐人街的形成和发展起了重要作用，使唐人街成为与世隔绝的少数民族聚居区。

首先受到迫害的是在金矿劳动的华工，他们从加利福尼亚州被赶到俄勒冈州和华盛顿州，赶到落基山脉各地，又被从那里赶往别处。到 1910 年，在加州、科罗拉多州、蒙大拿州和亚利桑那州的矿山中已经没有华工。在怀俄明州则总共只有 25 人在矿山工作。这一时期颁布的歧视性的法律，对华工可以从事的职业加以严格限制，凡属产业性的职业，华人都受到排斥，而只能经营服务性的行业，如餐馆和洗衣馆。这样华人常常只能回到旧金山等大城市的华人聚住区，在这里总还可以找到就业的机会。同时，在排华运动中，许多地方的华人遭到种族主义者的仇杀、迫害，他们不得不离开偏僻的乡村、市镇，而转入旧金山、西雅图、洛杉矶等一些大城市的华埠，以求得到同族华人的庇护。这样的事例不胜枚举。比如：

1885 年 2 月，亨博特县的华人 300 余人，被强行载上两艘汽船，驶往旧金山，其中有人在该县已经居住了 10 年至 14 年；

波巴县的排华暴行迫使那里的绝大多数华人在 19 世纪末离开那里；

犹他州的柯令尼小镇，中太平洋铁路公司的华工，在工程完成被解雇后，便在此镇定居，经营洗衣业和餐馆，在排华运动中被民团强行押上火车，送回旧金山；

1885 年 11 月，塔科马的一群暴徒把 700 名华人赶上几辆运货马车，然后又把他们押上开往波特兰的火车。慑于塔科马事件，150 名华人从西雅图逃往旧金山，其他 350 人过了不久也被撵走了。

仅在 1886 年 1 月至 4 月，加州就有 35 个居民区的华人遭到驱赶，这 3 个月中，就有 2 万名华人涌入旧金山唐人街。正是在这个时候，唐人街变成了华人与别的种族隔离的居住地区。华人由于害怕遭受凌辱，不敢越出唐人街一步。在排华阴影笼罩下的唐人街既是避难的堡垒，又是华人的聚居地、谋生处。

 愤怒的抗议

清政府对美的一系列《排华法》也曾多次提过抗

议，但统统没有作用。1888 年中国公使张荫桓抗议
《斯科特法》，认为它"越出外交惯例"，完全违反中
美条约，是美国单方面解除条约义务的行动。美国政
府根本不予理睬，甚至连礼节性的答复都不给。清政
府也就一些最严重的排华暴行与美国进行交涉，并为
华工获得一些赔偿（如石泉矿区暴行案）。但总的说
来，日益衰败、一向对列强妥协的清政府不能保护华
工免受迫害，反而在美国胁迫下于 1894 年签订了限禁
华工条约，承担起"自禁华工出境来至美国"的责任，
在 10 年内禁止华工赴美。

在这种情况下，在美华人力图更多地依靠自己来
保护自己。在华埠内本来就有许多组织，在排华运动
中，这些组织对于华人的吸引力大大加强，因为正是
他们代表了华人的利益。当加州议会与国会两方面从
事于禁止华人来美的立法时，中华会馆致力于宣传工
作，一方面诉诸舆论，要求主持公道；另一方面上书
国会议员，请其仗义执言，支持华人应享有的条约赋
予的权利。1875 年 4 月，中华会馆即致函旧金山市长，
请求运用权力，保护华人的合法权益。1876 年 4 月初
旧金山发生反华暴动后三四日，中华会馆即在《上加
利福尼亚报》发表宣言，表示抗议。11 月 13 日，中华
会馆与市长交涉，要求地方政府负起责任，对于中国
人应享之安全权利，尽保护之责。1877 年 12 月 8 日，
中华会馆又致书于国会，对加州 1876 年 4 月 3 日成立
的调查中国移民问题委员会不给华人充分表达意见的
机会表示不满，希望国会进行干预。4 月，当坚尼煽动

白人种族主义者殴打中国人、袭击华埠时，中华会馆致函旧金山市警察局要求保护，同时中华会馆上书美国总统，辩明中国人所受的无理诽谤。

1888年，由于《斯科特法》的成立，回国探亲和在返美途中的华工不得重新入美。其中有个叫蔡灿平（音，Chai Chanping）的华工，在美国从1875年住到1887年，然后回中国探亲一年，等他再返回旧金山时，《斯科特法》刚刚成立，他原来所持文书已成废纸。中华会馆筹集了10万美元，延聘律师，为蔡灿平打官司，控告《斯科特法》违宪，违反中美之间的条约，但是在加州的美国巡回法庭和美国最高法院都判决《斯科特法》为符合宪法。

1892年，美国会议员吉尔里提出法案，严格禁止华人入境，凡居美之华人要重新登记，领取证明书，详细记载身份，并贴照片，每张缴费3元，此案经国会通过。中华会馆筹集20万元巨款，延聘律师，从事驳例，向最高法院提出控诉，并通知全体华侨，坚拒登记。1893年最高法院判决其为符合宪法，中华会馆虽败诉，但事件在美国社会引起巨大反响。

美国西海岸是种族主义势力最强大、排华最厉害的地区，在小城镇里遭到驱赶的华人，或到旧金山等大城市唐人街寻求庇护，或跋涉到排华情绪不太强烈、就业机会又比较多的中部和西部大城市。芝加哥、纽约、波士顿等地的华埠正是在加州排华期间形成和扩大的。华人最早到纽约是1847年，而到1860年，也才有51名华人，1870年才有120人。在西海岸的排华运动中，纽约成为中国人躲避敌视和迫害的最重要地方之一，1880 年增至 850 人，1890 年增至 2559 人，1900 年更增至 6321 人。因为这里城市大，就业机会多，且有几十万各族移民，少数华人前来定居，不引人注意。于是以勿街为主干的包括 26 条街道的华埠建立起来。这样，纽约华埠的出现比旧金山晚了 20 年。

美国排华运动引起华人祖国各界同胞的密切注意。他们不能坐视自己的子弟受到迫害而无动于衷。长期积郁的愤怒终于在 1905 年像火山一样爆发出来。

在 1894 年华工条约届满之时，美国国会又于 1904 年 4 月 27 日议决，过去的《排华法》无限期有效，并禁止华工从夏威夷、菲律宾等美属岛屿到美洲大陆。1905 年春新任驻华公使柔克义奉命与清政府谈判改订条约，以便把更苛刻的条件强加给清政府。消息传来，中国人民怒不可遏。5 月 10 日上海商务总会召开商董大会，决定阻止清政府续订禁工条约，要求美国政府在两个月内修改《排华法》，公平待遇华侨，否则于 7 月 20 日起实行抵制美货。7 月，抵制美货运动席卷沿海和内地十几个省，数百城镇，持续时间达 8 个月之久。美国、菲律宾和夏威夷的华侨纷纷募集款项，支持抵制运动，东南亚各地的华侨也响应号召，抵制美货。美国公使三番五次要求清政府禁止抵制运动、惩办运动领导人，并要清政府对美国贸易所受的损失负责。西奥多·罗斯福总统本人就是个种族主义者，他认为"接纳中国人会对白人造成灾难"。对于抵制美货运动，他作出了强烈的反应，声称这是对美国无礼的、不可饶恕的一次运动，美国要有"强硬的声音"。9月初，他要当时正在远东巡访的陆军部长塔夫特转告广州的中国官员，美国"不会屈从于他们现在所做的一切"。11月15日，他下令增加在中国沿海的军事力量，两星期后亚洲舰队的若干舰只开始在广州水面集结；12月，罗斯福进而部署1.5万名士兵组成海陆联合远征军准备进攻该市。清政府经不住美国的威胁，接连发出上谕、电令，称运动"既属有碍邦交，且于华民商务亦大有损失"，要求各督抚"认真劝谕，随时稽查"，甚至以"从严查究"相威胁。时任直隶总督的袁世凯率先在其辖区下令禁止，查禁鼓动抵制美货的报刊。运动在美国的干涉和清政府的禁压下由高涨而低落而瓦解，终止排华的目的并未达到。尽管清政府已经终止了1894年的条约，也没有再续订新约，但美国国会的一系列立法仍然存在，排华也一如既往地继续下去，旅美华人的处境没有得到改善。但这次运动是中国近代史上第一次抵制外货运动，它表明中国人民是不可侮的。运动对于中华民族的觉醒，对于清末反帝反封建的革命运动起了重要的推动作用。

四 门户开放

 门户开放政策的提出

当美国政府竭力对中国移民实行门户关闭政策的时候，它却要求列强在中国的势力范围对美国势力敞开大门，并且提出了门户开放政策。

1895 年中日甲午战争彻底暴露了清政府的软弱和无能，刺激了帝国主义的贪欲。它们一哄而起，向中国猛扑过来，企图分享这个被称为垂危的"远东病夫"的遗产。它们霸占海港攫为租借地，划分势力范围，强索筑路和开矿特权，展开了一场惊心动魄的争夺战。

在这场利权争夺战中美国所得甚少。此时，美国正忙于与西班牙的战争，无暇顾及在中国的争夺。美西战争结束后，尽管有些扩张主义分子竭力鼓吹夺取亚洲和太平洋的霸权，但当时的种种主客观条件使美国没有在中国实行赤裸裸的掠夺政策。

从客观上说，当时列强已经在中国（尤其是沿海省份）划定了势力范围，美国再要插足，就会同别的大国产生尖锐的利害冲突。从主观上说，一则，美国毕竟是一个后起的国家，它的军事力量还远远不如别的大国，海军在世界上只占第六或第七位，陆军正规军的法定人员仅 6.2 万人；二则，美国刚刚夺得菲律宾，它在亚太地区首先关心的是巩固在菲律宾的统治，提防来自其他大国的威胁，而不能把过多的力量花费在中国；三则，美西战争在美国内激起了声势浩大的反战运动，民主党乘机接过这面旗帜作为党派斗争的工具，谴责麦金莱的共和党政府的侵略政策，为 1900 年的大选服务。在这种情况下，麦金莱政府不得不在中国谨慎从事。

与此同时，美国垄断资产阶级要求保护其在华利益的呼声越来越高。19 世纪末，美国对华贸易有了大发展，1899 年出口额比 1895 年增长了近两倍。美国实业界更把幅员辽阔、人口众多的中国看做是大有发展前途的市场。组成美国在华利益委员会（后扩大为美亚协会），直接致信或走访总统和政府成员，还推动纽约、旧金山、费城、波士顿等地商会向国务院请愿，要求政府迅速而有效地捍卫美国公民在华已有的条约权利和商业利益。

1898 年 9 月，麦金莱选择了最投合那些在华经营的企业家急切心意的海约翰为国务卿。海约翰本人就是百万富翁，有大量铁路股票、公债证券和房地产。他为 1896 年麦金莱的竞选出过大力。海约翰接受了曾在驻华使馆担任参赞、此时任国务院中国问题特别顾问的柔克义的建议，于 1899 年 9 月至 12 月训令美国驻英、俄、德、法、意、日等 6 国大使向驻在国政府递交一项照会，要求它们承认以下三项原则：

（1）承认各国在华的势力范围，租借地及其他既得利益；

（2）中国现行税则适用所有势力范围内一切口岸（自由港除外），税款由中国政府征收；

（3）各国在各自势力范围的任何口岸，对他国入港船舶不得征收高于本国船只的入港费，在各自势力范围的铁路上，对他国货物不实行不同的运费标准。

这就是美国最初提出的对华门户开放政策。显而易见，它以承认列强在华特权和既得利益为条件，来换取列强对门户开放政策的承认。即便如此，海约翰也没有得到他所预期的回答。各国从各自在中国的不同处境出发，给予各不相同的回答。只有意大利完全接受美国照会，它和美国一样在中国没有租借地和势力范围。多数国家表示了有保留的同意：日本和德国是后起的帝国主义大国，它们野心勃勃，希望这些原则能为其在中国扩张势力提供机会，但又表示以有关国家接受这些原则为条件；英国把九龙排除在门户开放范围之外；法国不愿放弃它根据 1896 年的中法商约取得的在广西、云南通商减税 4/10 的特权；俄国不想放弃在中东铁路上减税和自定运价的特权，但又感到不能违背列强一致接受的政治经济原则，破坏俄美之间现存的友好关系，因此在它的回答中对于美国照会中关于同等铁路运费问题讳莫如深。尽管如此，海约翰仍然在 1900 年 3 月 20 日宣布，有关各国的答复对门户开放原则的承诺是"最后的和确定的"，从而自己给自己圆了场。

1900 年，列强纷纷派兵来中国镇压义和团运动。美国也派兵参加了八国联军对中国的入侵，但它担心各国乘机把势力范围变为各自的殖民地，便于 7 月 3 日向各国发出了第二个门户开放照会，声称，美国政府致力于寻求这样一种解决办法，以保持中国领土和行政完整，保障各国与中国各部分进行公平贸易的原则。

这样，美国在第二个门户开放照会中又增加了新的内容，提出了"保持中国领土和行政完整"的原则。但实际上，在列强在华占有租借地、势力范围，享有不平等条约规定的种种特权的情况下，"中国的领土和行政完整"只是一句空话。况且，海约翰两次向列强就中国问题发出照会，事先并没有同中国政府商量，这本身就粗暴践踏了中国主权，破坏了"中国行政完整"。美国的本意仍然是要在中国取得与其他大国均等的贸易机会，让各国的租借地和势力范围统统对美国开放。正如美国学者拉铁摩尔指出的："门户开放照会没有提出帝国主义应停止对中国的要求，它仅仅表示了'我也要分享'这样一个要求。"

门户开放政策的提出既是美国传统对华政策的延续，又是这种政策发展到一个新阶段的标志。早在谈判《望厦条约》期间，美国就提出了在中国与其他大国利益均沾的原则。但当时美国的实力还远远不如别的国家。此后半个多世纪中，美国在处理对华关系方面基本上是追随英国的。随着美国势力的不断增强，美国越来越显示出独立的姿态。海约翰照会的提出表明，美国是要以自己的主张去影响和带动别的国家，试图在列强对华外交中起主导作用。

但是，门户开放是一种脆弱的政策。美国既没有决心，也没有实力来贯彻、维护这一政策。在美国于1898年通过美西战争夺得菲律宾之后，对这个群岛的统治成为它在西太平洋和亚洲的最大利益，为了维护这一殖民利益，它不得不在别的方面作出暂时的让步。1908年11月，美国国务卿罗脱与日本驻美大使高平小五郎达成《罗脱—高平协定》，基本内容是：两国维护太平洋地区的现状，尊重对方在该地区的属地，鼓励各自商业在该地区自由与和平的发展；两国以和平手段维护中国的独立与完整，维护各国在华工商业机会均等的原则。通过这个协定，日本担保对菲律宾和美国其他太平洋属地没有领土野心，美国则应允日本在中国东北以"和平手段"放手扩展势力。这个协定是美国从门户开放政策的一个倒退。在1900年美国第二个门户开放照会中已经明确地提出了"保持中国领土和行政完整"的原则。这一次却不敢坚持了。

 2 两项借款

在列强争先恐后攫取铁路让与权的风浪中，美国合兴公司取得了粤汉铁路利权。但该公司在1898年取得利权后，由于与一家比利时公司的关系等复杂原因，铁路工程刚刚开始即告停顿。1905年清政府从合兴公司赎回路权。湖北、湖南、广东三省绅民为自修铁路，以很大的热情开展筹措资金活动。但外国资本也不断活动，1908年6月，清政府又借口民办铁路"奏办有年，多无起色，坐失大利，有碍交通"，决定把干路收归官办。清政府国库空虚，所谓官办，自然还是借外款筑路。1909年6月清政府与英、法、德三国财团签订了《湖广铁路借款草合同》。湖广铁路是湖北、湖南两省境内的粤汉铁路和湖北省境内的川汉铁路的通称。

美国国务卿诺克思得知此事，立即照会英、法、德三国政府，要求以"充分而坦率的合作"来"维持中国的门户开放和完整"，并建议组织一个四国财团承担借款。在美国，由摩根公司牵头的银行团迅速组织起来。美国政府同时向清政府施加压力。塔夫特总统亲自出马，于7月15日致电摄政王载沣，对美国参加借款受到阻挠表示不安，希望摄政王进行通盘考虑，"立刻导致使我们两国都满意的结果"。诺克思则威胁说：如果美国的合理愿望受到阻挠，中国政府将承担全部责任。在美国政府的高压下，载沣被迫表示满足美国要求。四国间又经过反复的讨价还价，才于1910的5月23日达成协定：借款总额600万英镑，由四国财团平均分摊，材料采办尽可能四国均分，总、副工程师由各国派员分段担任。

清政府一直希望在东北引进英美势力以平衡日俄势力，以免东北被这两国瓜分。1910年秋，清政府向美国公使嘉乐恒提出借款5000万两（后增到5000万美元，合8000万两），部分用于整顿全国币制，部分用于兴办东三省实业，并强调，只向美国单独借款。美国国务院将此情况通知美国银行团，银行团立即表示愿意承担，10月27日，清政府度支部和美国银行团代表签订了币制实业借款草合同。

但美国决策者认定不能单枪匹马地去向日本挑战。司戴德甚至一相情愿地认为，通过让欧洲银行分享美国财团的权益，会使三国站到美国一边，使美国能运用银行团的权益去反对日、俄，并在四国对华事务中掌握领导权。11月10日，司戴德与英、德、法三国银行团代表在伦敦达成协议，商定，今后四国银行联合经营并均分在华投资的权益和机会，四国银行团正式成立。而美方则把币制实业借款拿来作为对其余三国的见面礼。

清政府反对伦敦协定，埋怨美国的背叛行为。司戴德多方劝诱，说了许多好话、恶话，清政府无奈，于1911年4月15日与四国银行团签订了《币制实业借款合同》，5月20日又签订了湖广铁路借款合同。这两笔借款在中国和国外都引起强烈反应。美国方面自然是心满意足的。司戴德喜形于色地写道：借款的达成证明金元外交是正确的，美国财团现在已与30年来早就植根于中国的英、法、德的利益处于平等地位。日、俄两国对币制实业借款进行了种种阻挠、破坏，四国银行团被迫答应不向中国东北地区扩大业务，不妨碍日、俄的金融活动。这两项借款引起中国社会各界声势浩大的抗议浪潮，尤其是湖广铁路借款严重损害了中国主权。全国人民眼看清政府一手从本国人民手中夺去粤汉、川汉铁路修筑权，一手又立即交给列强，全国人民怒不可遏，保路运动风起云涌。清政府原指望通过这两笔借款来延长其岌岌可危的统治，殊不知，借款促进了辛亥革命的到来，加速了清王朝的覆灭。

 庚款兴学

　　近代中国学生留学美国始于 1847 年，当时美国传教士勃朗返美，把容闳等三人带往美国。比较大规模的一次是在《蒲安臣条约》订立之后，在容闳的奔走下，清政府派出第一批官费留学生。但由于这批留学生不断接受资本主义新思想而逐渐厌恶封建旧礼教，引起封建顽固派的不满。1881 年，他们多未完成学业就在清政府命令下凄然回国。比这次规模更大、影响更深远的便是清末"庚款兴学"。

　　1900 年八国联军镇压义和团运动后，清政府被迫赔偿 4.5 亿两白银，即所谓庚子赔款。美国所得约为 3294 万两，折合 2444 万多美元。这笔赔款大大超过美国的"实际损失"和花费。1904、1905 年，清政府驻美公使梁诚多次与美国政府交涉，要求核减退还。1905 年的抵制美货运动虽然失败，但运动中所表现的高涨的民族主义情绪却着实使美国决策者受到震动，感到担心。他们愿以归还部分庚款作为亲善表示，缓和反美情绪。

在退款谈判的同时，关于退款用途的问题也在酝酿之中。美国康奈尔大学教授精琪建议，把退款用于稳定中国金融，改革中国币制，遭驻华公使柔克义等反对。"庚款兴学"的主张几乎同时从中美双方提了出来。梁诚在与美国交涉退款同时向外务部建议，可将归还之款作为广设学堂、派遣学生之用。一批美国在华传教士和从事教育工作的人，也上书美国务卿和总统提出这一意见。1906 年 3 月 6 日，在中国有 40 年工作经验的美国传教士、商人明恩傅面谒西奥多·罗斯福总统，恳请总统把退还的庚款专作为开办教会学校使用，并论证说，这样做的真正目的是要使类似义和团的运动"在将来较难发生"。伊利诺伊大学校长詹姆士在年初给罗斯福的一份备忘录中写道：

哪一个国家能做到教育这一代青年人，哪一个国家就能由于这方面所支付的努力在精神、理性和商业的影响方面获取最大的回报。如果 35 年前已经做到把中国学生的留学潮流引向美国……那么我们今天一定能够使用最有效和最巧妙的方法，亦即通过对中国领袖们在思想和精神方面的控制，将中国的发展掌握在我们手里。

1908 年 5 月，美国国会议决退还庚款 1078 万多美元，办法是从 1909 年起至 1940 年逐年按月退还中国，作为清政府兴办清华学校和资助留美学生之用。10 月，清政府起草了派遣留学生规程，递交美国驻华公使审查修改。中美双方约定，自 1909 年起，清政府应在最初四年内每年至少派 100 名留学生，如到第四年派足了 400 名，则从第五年起每年至少续派 50 名，直到退款用完。同时商定，留美学生中 80% 的人学习农业、机械工程、矿业、物理、化学、铁路工程、金融等，其余 20% 学法律、政治、经济、师范等。1909 年 6 月，清政府在北京设立游美学务部，由外务部和学部共同管辖；同时在美首都华盛顿设立留美学生监督处。1911 年又在北京建立清华学堂（后改为清华大学），专门培养准备赴美深造的中国学生。1909 年 8 月，程义法、金涛、梅贻琦等 47 人搭上开往美国的轮船，成为首批庚款留美学生。留美学生 1910 年已达 500 多人，1911 年又增至 600 多人，截至 1929 年，由清华大学派出的官费生共 1279 人，领庚款津贴的自费生共 476 人。

1927 年 5 月，美国国会又作出决定，将中国自 1917 年 10 月参加第一次世界大战以来停止支付的庚款，截至 1940 年 12 月共 1254 万多美元退还中国，仍逐年用于文教事业。9 月，中美组织混合中华文化教育基金董事会，接受、保管并使用此项退款。这是美国第二次退还庚款。随后，英、日、法、意、比、荷等国也先后退还了部分庚款，用于兴办各类学校。

上面所引詹姆士的备忘录已经清楚表明，美国庚款兴学的目的是为了输出美国的价值观，培养一代亲美的中国各方面的领袖人物，以掌握中国的未来。但历史事实证明，动机和效果有时是两回事。庚款留美学生中确有一小部分成为美国利益的代表者，但大多数庚款留美学生没有成为美国所希望培养的人。这是因为中国近代知识分子多具有爱国心、富于正义感，他们在科学救国思想影响下大都有一种使命感，想要学好本领报效国家。他们归国后把所学知识贡献于祖国的发展，使许多领域的近代科学事业开始起步，或在工程技术上有了长足发展。竺可桢是中国近代气象学研究的开创者，他在全国各地设立了40多个气象观测站，并在东南大学创办了地理系；李济曾在哈佛大学攻读人类学，回国后在中央研究院历史语言研究所工作期间，主持了对殷墟的考古发掘，这是中国人自己进行的第一次科学考古发掘；茅以升获得工学博士后归国，在唐山交通大学等校任教，1933年主持建造钱塘江公路铁路两用大桥，成为我国第一位用现代技术修建桥梁的人；侯德榜归国后专攻制碱技术，他发明的先进制碱法使中国化学工业技术达到世界先进水平；吴有训、吴大猷、王守竞、赵忠尧、周培源都是卓有建树的物理学家。许多庚款学者在大是大非面前表现了富贵不能淫、贫贱不能移、威武不能屈的高贵气节，杰出的代表是诗人闻一多。抗战末期，在西南联大的170多名教授中有100多人是在美国获得博士学位的。但在战后初期，西南联大反内战争民主学生运动中，许多教授都站在学生一边，这也是明恩傅、詹姆士等人始料未及的。

五　民国初年

从共同阵线到单独行动

　　武昌起义后，列强没有对中国革命采取直接的军事干涉政策。一方面，它们看到清政府确已腐朽不堪，"末日临近了"，而革命来势猛烈；另一方面，它们担心，直接干预会破坏大国间业已在中国形成的均势。同时，湖北军政府对列强态度十分温和，表示承认清政府与列强订立的条约继续有效，同意继续偿付赔款和外债。因此列强很快就宣布"严守中立"。列强共同认可的方针是：支持袁世凯执掌大权，收拾局面。

　　武昌起义爆发时，孙中山正在美国科罗拉多州丹佛城。他从《丹佛邮报》上得知起义的消息后，于10月18日到华盛顿，写信给诺克思，希望能与之进行一次密谈，遭诺克思拒绝。孙中山又到欧洲活动，力图得到四国银行团的财政支持。四国银行团借口要等成立政府后才能洽谈借款。孙中山两手空空回到祖国，只能凭一腔革命热情整理革命队伍。革命阵营很快选举孙中山为临时大总统，1912年1月1日，孙中山在南京宣誓就职，宣布成立中华民国。孙中山竭力争取列强承认民国，但受到冷遇。美国公使嘉乐恒认为，孙中山"能否控制局势是大可怀疑的"，而吹嘘袁世凯是"当今中国最强有力的人"。1月17、19日，临时政府外长王宠惠两次致电美国政府，要求承认民国，美国均未置理。不仅如此，塔夫特总统还严令美驻华南各地领事不得与临时政府有正式接触。

由于革命面临的严重财政困难、列强的压迫和革命阵营内部的妥协倾向，孙中山不得不满足于清帝宣布退位、结束帝制，把政权让给袁世凯。2月14日，孙中山辞去临时大总统职，15日袁世凯当选为第二任临时大总统。29日，美国参众两院正式通过决议，庆贺中国"采用并保持了共和政体"。显然，美国国会所庆贺的，并非中国共和政府的成立，而是中华民国的总统职位终于落到了他们所中意人物的手中。

袁世凯任大总统后，四国银行团立即在前清币制实业借款的基础上，与之谈判善后大借款，并着手提供垫款。谈判过程中，列强之间明争暗斗，调整在华利益，银行团由于俄、日参加一度扩展为六国。在银行团向袁世凯政府提出的众多苛刻条件中，有一项是，中国政府的金融、税收、交通等重要部门要聘请外国顾问任职，各国间于是为顾问人选问题进行了一场争夺战，争来争去，美国处于很不利的境地。嘉乐恒1912年2月17日给国务院报告中说，美国正面临着是否撤出银行团的抉择。

1909年，塔夫特雄心勃勃地开始了"金元外交"，四年下来，除了取得湖广铁路借款 1/4（729.9 万美元）的贷款权外，这种外交在中国别无成果。1913 年 3 月 4 日，伍德罗·威尔逊就任总统，并任命布赖安为国务卿。18 日，威尔逊发表声明，撤销政府对美国财团参加国际银行团的支持，从而表明与塔夫特的政策分道扬镳。美国财团随即退出银行团。

列强虽然支持袁世凯，却没有立即给予外交承认，因为各国都想以承认为要挟，乘机向袁政府索取新的利权。威尔逊上任后，决定不顾其他国家的反对，单独承认袁政府。5 月 2 日，美国公使向袁政府递交承认书。美国的率先承认赢得了许多虚誉，国会参众两院分别通过决议感谢美国政府的友好行动，许多省议会也采取了类似的举动。

袁世凯的倒行逆施引起人民公愤。1913 年 7 月，以孙中山为首的南方国民党人发动"二次革命"，但遭到失败。10 月 6 日，袁世凯唆使军警强迫国会选他做正式大总统，威尔逊立即驰电表示祝贺。

1913 年 3 月美国驻华代办卫理建议政府承认袁世凯政权时，理由之一是美国是"共和国之母"。但当袁世凯图谋在中国复辟帝制时，美国政府竟荒唐地予以支持。

1915 年 8 月 3 日，袁政府的喉舌《亚细亚日报》发表了袁政府的宪法顾问、美国法律教授古德诺的文章《共和与君主制》。古德诺是袁的崇拜者，他认为袁是真正要救中国，真正要给中国一个好政府的人，而这在中国只有通过实际上独裁的政府才能做到。他的结论是"中国如用君主制，较共和制为宜"。古德诺的文章被广为散发、援引，成为帝制运动的理论根据和对外宣传的上等材料。

古德诺不是美国官方发言人，他的文章自然只代表他个人意见，但他的看法与美国政府的政策是基本吻合的。威尔逊认定只有袁才能维护中国的稳定，决定不动摇地支持他，即便他称帝也不予干涉。10月，他指示国务卿蓝辛向日本、中国及其他有关国家表明，中国政府政体改变纯属中国内政，任何形式的干涉都是侵犯中国主权。12月，国务院致电新任公使芮恩施说，美国准备承认袁世凯称帝，只要这不会招致严重的、有组织的反对，以及袁世凯有维持秩序的能力。

但袁世凯称帝毕竟是逆历史潮流而动，冒天下之大不韪。他黄袍加身不过83天，便被迫取消帝制，不久就一命归天了。

 ② 美国与"二十一条"

1914年8月，第一次世界大战爆发，德、法、英、俄等国相继投入战争，无暇顾及中国事务。日本欢呼这是在华扩张的"天赐良机"。9月，日本作为英国的盟国，首先以参加对德作战的名义，攻占了胶州湾，控制了山东，接着，又赤裸裸地提出了妄图独霸中国的计划。

1915年1月18日，日本驻华公使日置益向袁世凯提出了臭名昭著的二十一条要求。

　　要求共分五号。第一号共四条，要求允许日本继承德国在山东的权利，并加以扩展。第二号共七条，要求将旅顺、大连租期和南满、安奉两铁路管理期限延长到99年，并承认日本在南满和内蒙古东部的优越地位，实际上是要把那里变成日本的殖民地。第三号共两条，日本在所谓"合办事业"的幌子下，要求霸占汉冶萍公司这个中国最大的钢铁企业。第四号一条，要求中国承诺所有沿海港湾及岛屿不让与或租给他国。第五号共七条，内容最广，包括：要求中国中央政府聘请日人充当政治、财政、军事顾问；中日合办警政，合办兵工厂，日本取得由武昌到九江、九江到南昌、南昌到杭州、南昌到潮州等的铁路建筑权；日本在福建省内享有建设铁路、矿山、港口的优先权；等等。二十一条要求表明，日本一方面要全面控制中国中央政府，一方面要进一步巩固和扩大其在满蒙、山东的势力，并以福建为基地，在南方各省进行扩张。自鸦片战争以来，中国备受列强侵夺，但一次就向中国提出如此之多的苛刻要求，这在中国近代外交史上是没有先例的。"二十一条"的提出，表明日本走上了独霸中国的道路。

　　"二十一条"对袁世凯犹如晴天霹雳。当时他正秘密策划帝制，原也打算暗地里让给日本一些利益，以换取其对帝制的支持。但日本提出如此狂妄的侵略要求，使他十分为难。他既不敢断然拒绝，也不敢一口应承，一时手足无措，进退失据。袁认为，日本如此无视欧美列强利益，它们是不会袖手旁观的，因此，把解决问题的希望寄托在国际干涉上。袁政府首先向芮恩施透露了要求的主要内容。以后，外交部参事顾维钧在每次中日谈判后都立即跑到美国使馆（为避人耳目，他走使馆后门），向芮恩施转达谈判情况，希望美国出面干涉。

美国对中国事态十分关注，行动上却极为谨慎。2月2日，威尔逊致电芮恩施，让他不要干涉目前的谈判，甚至不要直接对中国政府进行任何劝告。

2月17日，中国驻美公使将"二十一条"全文通知美国政府。美国决策者都同意日本对东北的要求，只是认为第五号要求与中国的政治统一和门户开放政策相抵触。美国国务院倾向于同日本达成一项有予有取的安排。3月13日，布赖安发表了一份冗长的照会，回顾了从1899年海约翰提出门户开放政策到1908年达成《罗脱—高平协定》的历史，重申美国在中国有广泛的条约权利和不断增长的经济利益，但又承认，领土的邻近造成日本同山东—南满—东蒙等地的特殊关系，因此美国对第一、二号要求没有反对意见。照会表示反对日本的第五号要求，认为这违反了各国在华工商业机会均等的原则，美国对于一个外国取得对中国政治、军事和经济的统治不能置之不理。

日本对这个照会并不买账。它在山东调兵遣将，在胶济线沿线增兵，实行军事恫吓；同时还故意散布说，布赖安深受日本公使珍田舍己的影响，指望美国干涉是徒劳的。

5月4日，报上披露，日本将对中国提出最后通牒。同日，英国外交大臣格雷致电日本外相加藤高明，表示日本如因第五号条款而与中国发生破裂，英国公众舆论将认为日本违反英日同盟精神。6月格雷又要求日本在一旦对中国使用武力之前先与英国商量。同日，美国务卿布赖安采取了三项措施：首先，他致电日本首相大隈重信本人，希望中日两国政府"以耐心友好精神进行谈判"，"直到找到解决争端的某种友好办法"；其次，他以总统电的名义，通过芮恩施向中国作了同样表示；第三，他吁请英、法、俄国政府与美国一起对中日谈判进行联合干涉，以免谈判破裂。主要由于中国人民的反对，也由于列强的压力，日本被迫暂时放弃第五号要求。5月9日，袁世凯政府表示接受日本7日提出的最后通牒。

5月11日，美国给中、日两国发出同文照会，宣称对中、日之间一切损害美国条约权益和美国侨民利益的协议，采取不承认主义。可是它15日又照会说："正在谈判中的任何条款，凡经中国政府承认而对外人在华地位有所变更者，当然应该知照美国政府，使美国得以分享根据最惠国待遇自然增长的特权。"可见，美国关心的仅仅是它自己的在华利益不受损害；非但如此，它还要分享日本的侵略成果。

5月25日，中日两国在北京签订了两个条约，互换了13件照会，总称为《民四条约》或《中日新约》，在整个交涉过程中，袁世凯政府特别寄希望于美国的干涉，结果却令人失望。美国的态度前后有所改变，但它的总原则是不为中国问题而卷入国际争端。美国的态度对交涉产生了两方面的影响：一方面它怂恿日本坚持其对南满、东蒙、山东的要求，助长了日本的侵略气焰；另一方面，它同其他因素结合起来，迫使日本暂时取消了第五号要求的多数条款。

 ### 《蓝辛—石井协定》

　　第一次世界大战开战以后，美国和中国都是中立国。1917 年 1 月 31 日，德国外交部照会中立国政府，宣布实行无限制潜艇战，即不分交战国或中立国，只要船只驶进德奥敌人领海或与他们通商，均将遭德国潜艇攻击。这一措施触犯了大做军火生意、支持协约国的美国的利益。2 月 3 日美国宣布对德绝交，同时向中立国发出通告，要求它们采取类似行动。4 日，国务院指示芮恩施向中国政府通报情况，但未让他建议中国参战。

　　芮恩施当公使三年多来，目睹日本势力在中国的迅速扩张，心中早已愤愤不平。接到国务院指示后，他劲头十足地展开活动，企图在对德外交上领导中国，排斥日本，2 月 4 日至 8 日，他接连拜访了黎元洪、段祺瑞和政府与国会高级官员，鼓动中国与美国采取联合行动。

　　芮恩施的行动使美国务院感到不安，国务卿蓝辛认为，鼓动中国参战必遭日本反对，美国参战已在所难免，在中国更不能与日本较量。因此，他指示芮恩施说，美国对中国参战现在不能作任何担保，中国如遭侵略，美国无力救援，实际是要芮恩施劝中国暂勿参战。芮恩施被迫改变态度。

北京政府内部对于是否参战一直主张不一。总理段祺瑞图谋以参战扩充皖系实力，力主参战；这恰恰是总统黎元洪所担心的，他反对参战，坚持在对德外交上取谨慎态度。美国立场与黎元洪态度吻合。

日本从2月起也在鼓动中国参战，当发现芮恩施态度改变后，就愈发起劲地怂恿北京政府对德断交，又是利诱，又是施加压力。段祺瑞得到日本支持，甘当附庸，3月14日，北京政府宣布对德绝交。

但参战须经国会批准。段祺瑞依靠日本支持，笼络各省督军，逼迫国会对德宣战，遭国会拒绝。各省督军遂联名呈请黎元洪解散国会。黎求助于芮恩施应付局面，芮恩施表示愿作黎后盾。他并对北京政府外交次长表示，为了参战而发动推翻国会的运动不会得到美国同情。黎元洪得到芮恩施支持，一时胆壮气粗，5月23日他罢免了段祺瑞。各省督军作出强烈反应，纷纷宣布独立。

6月4日，美国政府向中、日、英、法四国政府发出同文照会，其中说，中国是否参战是第二位的事情，中国恢复和继续维持政治统一是最重要的，并要求各国为此与美国采取联合行动。美国干涉引起日本强烈不满。6月15日，日本驻美大使佐藤爱麿向蓝辛递交一份备忘录，反对对中国局势施加外国影响。日本舆论界的反美情绪也愈来愈强烈。日本标榜不干涉中国事态，暗地却与段祺瑞勾结。其间，张勋乘机复辟。7

月，日本政府支持段祺瑞组织讨逆军讨伐张勋，乘机再起。这样，所谓"府院之争"以日—段胜利，美—黎失败而告终。8月14日，中国正式对德宣战。

大战以后美、日在中国的争夺，尤其是两国在中国参战问题上的明争暗斗，使两国关系日趋紧张。双方都考虑到了爆发战争的可能性，都认为对方在进行针对自己的战争准备，但又都不敢贸然开战。美国既已对德宣战，自然要避免两面受敌。日本经济的繁荣有赖与美国的贸易，特别是从美国进口钢铁。同时日本对美、英两国关系愈来愈密切也感到担心。两国都希望能够达成一个协定，缓和关系，避免冲突。

日本政府遂决定任命前外相石井菊次郎为特使赴美访问。1917年8月11日，石井使团抵旧金山，受到盛大欢迎。为了表示对石井使团的重视，并赢得日本舆论的好感，蓝辛指示有关机构为石井使团拍摄了许多新闻照片和新闻纪录片，并免费在日本全国散发。石井还在参院发表了演说，威尔逊两次接见了他。

9月6日至11月2日，蓝辛与石井举行了12次会谈。中国问题是主要议题。蓝辛所坚持的是在中国的门户开放和机会均等，石井则要美国承认日本在中国享有高于其他各国的利益，否则就不同意重申上述原则。蓝辛拒绝承认日本的这种利益，但表示可以考虑日本在中国的特殊地位。他表示"了解日本的人口压力和工业扩张的需要"，他"相信日本之占有朝鲜，发展满洲，主要是出于这种不可避免的需要"。双方经过一再讨价还价，于11月2日互换照会，主要内容是：①美国承认日本在中国，尤其在与日本属地接壤的部分享有特殊利益；②美日两国无意以任何方式侵犯中国的独立和领土完整，两国坚持在中国门户开放和工商业机会均等的原则。这就是《蓝辛—石井协定》。

《蓝辛—石井协定》是美国再次以牺牲中国利益向日本作出的妥协。协定的两项内容中，第二项是虚的，第一项才是实实在在的东西。而且既然美国承认了日本的特殊利益，门户开放的原则也就被阉割了。一些日本人称协定为"石井外交的伟大胜利"。

这一关于中国的协定是完全背着中国政府炮制出来的。石井访美引起中国政府的不安，可它不能从芮恩施那里得到任何消息，因为蓝辛根本没有把谈判进展情况告诉芮恩施。中国政府要求，直接与中国有关的谈判应及时与之商议，蓝辛对此置之不理。中国驻美公使顾维钧在华盛顿打听消息，费尽周折，也无所收获。12月2日换文之后，美国迟至8日才把换文内容正式通知中国。对于这样一个践踏中国主权的协定，北京政府却不敢提出抗议，而只是在9日向美、日两国提出一项措词软弱的照会，声明：中国政府既定政策"不因他国文书互认，有所拘束"，各国在华利益或"因领土接壤发生国家间特殊关系，亦专以中国条约所已规定者为限"。

这个日美勾结、共同侵略中国的协定理所当然地激起中国人民的强烈义愤。在广州，中国人接连不断地找到美国总领事海因兹曼，众口一词地谴责美国出卖中国。中国舆论界也普遍反对这一协定。一直致力于扩大美国在华势力和影响、热心与日本竞争的芮恩施，不得不心灰意懒地承认，协定的签订使中国高级官员们觉得，要从美国得到积极帮助以解决国家的困难是没有什么指望了。

六 两次会议

 巴黎和会

1918 年 11 月 11 日，德国无条件投降。第一次世界大战结束。翌年 1 月 18 日，战胜国为分赃而举行的和平会议在巴黎郊区凡尔赛宫举行。会议之前，1 月 8 日，威尔逊在向国会致词中发表了他称之为"世界和平纲领"的十四点宣言，其中包括了废除秘密外交，公海航行绝对自由，撤除经济壁垒、国际贸易机会均等，削减军备，公正解决殖民地纠纷，组织一个普遍性的国际联合机构，为各国的政治独立和领土完整提供相互保证等内容。这一宣言在中国朝野引起热烈反应，一些先进知识分子如陈独秀也对威尔逊大加赞颂，中国善良的人们寄希望于美国在巴黎和会上主持公道。

中国出席和会代表团正式代表 5 人，包括外交总长陆徵祥、驻英公使施肇基、驻美公使顾维钧、广东军政府代表王正廷、驻比公使魏宸组。陆徵祥怕担责任，让两位年轻的留美学生出身的外交家顾维钧和王正廷成为代表团的中坚。此外，各党各派领袖也纷纷赶往巴黎。中国人民希望，作为战胜国，中国能在和会上收回国权，结束丧权辱国的历史，一改几十年来半殖民地的国际地位，特别希望能够收回山东权益。

与中国人民的希望相反，巴黎和会是一个强权政治和秘密外交的典型。会议的决策机构起先是十人会议（由美、英、法、意四国首脑和外长及日本代表团两名成员组成），3 月中旬以后是四人会议（美、英、法、意四国首脑），其他国家代表除了接受大国摆布，难有作为，中国更受到不平等待遇。在和会上，美、英、法、意、日五国各有 5 名代表席，巴西、比利时等也有三席，而中国与其他小国却只得两席。

1 月 28 日的十人会上，中国代表顾维钧理直气壮地从历史、种族、语言、宗教、风俗、地理、经济等各方面论证山东是中国领土，要求把胶州租借地、铁路及德国在山东的其他权益统统直接交还中国。威尔逊也在他发言后表示祝贺。但十人会议却同意把大战期间订立的密约提交会议考虑。原来，1917 年 2～3 月间，美、俄、法、意等国为了使日本作出更多战争努力，纷纷进行秘密交易，保证在未来和会上支持日本关于接收德国在山东权益的要求。于是这些密约实际成了和会解决山东问题的基础。

从 1 月 28 日辩论到 4 月 22 日四人会议重新审议山东问题这两个多月中，中、日双方代表都在巴黎进行了许多外交活动，双方都在争取美国的支持。驻华公使芮恩施和美国代表团部分成员也认为大战已经结束，应当停止绥靖日本，应当支持中国的正义要求。但威尔逊却另有考虑。

首先是国际形势。当时列强正联合起来对革命的俄国进行武装干涉，7000 名美国士兵正与 7 万名日军在西伯利亚地区并肩作战。列强正需要通过和会调整其内部关系，结成一个反对社会主义革命和民族解放运动的联合阵线。

其次是成立国际联盟的需要。当时，意大利因割让南斯拉夫领土阜姆的要求遭拒绝而与美国闹翻，威胁要退出和会；日本政府也威胁说，除非日本关于山东权益的要求得到满足，否则将拒绝在国际联盟盟约上签字。如果所谓五大国中的两国都采取不合作态度，威尔逊成立国联的计划就难以实现，这可是关系他事业成败荣辱的关键。

再次是美国与英、法的关系。英、法大战中与日本订有密约，会议上也一直支持日本要求。美国要取得英、法合作，自然不能不考虑它们在此问题上的态度。

考虑到所有这些因素，威尔逊在山东问题上的态度逐渐由和会初期的同情中国转变为后期的支持日本。4 月 22 日，中国代表出席四人会议（意大利总理缺席），这是中国代表第三次也是最后一次出席讨论山东问题的会议。作为会议主席的威尔逊说，山东问题已陷入绝境，他曾建议日本把胶州租借地交给五大国托管，但日本拒绝，现在，英、法与日本订有条约，中国也与日本订有条约（指《民四条约》，其中关于山东问题规定，中国政府承认日、德两国将来对转让山东权益达成的任何协议），各国有义务恪守条约，"因为之所以进行这次战争，在很大程度上就是为了证明条约是不可违反的"。顾维钧辩驳说，《民四条约》是在日本对中国进行威胁，并提出最后通牒情况下才被迫签订的，而不是通过正常外交程序达成的。威尔逊仍然强调"条约的神圣性"，甚至说："即使条约与缔造和平的原则不符，我们也不能背弃过去承担的义务。"威尔逊背弃了他自己在十四点中宣称的原则，公开为日本的侵略要求进行辩护了。英、法代表更是与日本一个鼻孔出气。

中国代表团在困境中孤军奋战。翌日，它向四人会议提出一项书面妥协方案，内容是：德国在山东的一切权益暂交五大国，以便最后归还中国，日本在和约签字后一年内完全从山东撤军；中国将偿付日本为取得胶州所花的军事费用；胶州湾开作商埠，如有必要，可在麦岛设一国际租界。但这一方案遭日本代表团拒绝。

为了不把事情做得太露骨，威尔逊在 4 月 28 日三巨头会上表示，只要日本答应日后把山东归还中国，放弃对山东的主权和军事权利，而将要求限于经济方面，他对日本条件可表同意。日本代表心领神会，根据这一提示，拟就关于山东问题的条款，于翌日提交三巨头会。三巨头随即将条款作为第 156、157、158 条列入了《凡尔赛和约》。30 日，日本代表团又发表声明，假惺惺地表示，日本把山东半岛主权完全归还中国，仅仅保留给予德国的经济特权和在青岛设立租界的特权，铁路业主设立特别警察仅为保证交通安全，云云。

这样，威尔逊终于背信弃义，出卖了中国的利益。美国代表团中大多数人及芮恩施对此十分不满，中国人民更是怒不可遏。陈独秀写道："什么公理，什么永久和平，什么威尔逊总统十四条宣言，都成了一文不值的空话。"中国人民更不能容忍列强把新的不平等条约强加给他们，轰轰烈烈的五四爱国运动爆发了。

在巴黎，中国代表团又提出了多种最低条件的保留方案，但均遭拒绝。中国代表团忍无可忍，让无可让，在全国人民伟大爱国精神感召下，终于毅然拒绝在对德和约上签字。这在80年的中国近代外交史上是空前的事。它冲破了中国外交"始争终让"的惯例，树立了一个敢于抗争的先例，对此后的中国外交产生了积极影响。这样，山东问题就作为国际悬案留了下来。

 华盛顿会议

巴黎和会开过了，世界却仍不太平。对同盟国的仗打完了，协约国之间的矛盾随之加剧。欧美列强显然不能再容忍日本继续朝独霸中国的目标走下去，它们急切地要重返远东，因而在华争夺重趋剧烈。对苏联的武装干涉没有得逞，美、日之间的反苏蜜月结束了，它们间的矛盾随之尖锐起来。两国都没有因大战的结束而减缓扩军备战的势头，两国从政府到民间都认定对方是在进行针对自己的战争准备，而两国又都不能在刚刚结束一场大战之后进行新的武装冲突。

巴黎和会没有解决山东问题。五四运动后中国人民要求收回山东主权的各种形式的群众运动此起彼伏，遍及各地，中日关系处于紧张状态。

1902 年缔结的英日同盟经过 1905、1911 年两次续订到 1921 年 7 月期满。美国坚决反对继续保持这个同盟。美、英两国经过多次秘密协商，决定由美国倡议召开一次国际会议，讨论裁军和远东问题。

1921 年 11 月 12 日至 1922 年 2 月 6 日，由中、英、法、日、意、荷、比、葡及美国等九国代表参加的会议在美国首都华盛顿举行。大会分设限制军备和太平洋两个委员会，均由美国国务卿许士任主席。北京政府对这次会议极为重视，派出了由 130 人组成的庞大代表团，以施肇基、顾维钧、王宠惠为正式代表。因中国不涉及军备问题，中国代表只参加太平洋远东委员会的会议。中国代表团在会上提出了一系列问题，如恢复关税自主权、撤废领事裁判权和收回山东主权。

11 月 16 日，施肇基在全体会议上发言，提出了十条原则提案，主要内容是：各国尊重中国领土完整及政治行政独立；中国赞同门户开放、机会均等原则；各国如不预先通知中国，不得缔结直接有关中国的条约；公布各国与中国所订条约，并重新加以审定；立即废止对中国政治、法权、行政上的自由行动的种种限制；现行对华条约中无限期者，规定期限。

对中国的上述提案，美国只对其中门户开放、机会均等的提议感兴趣。在 21 日的全体会议上，美国代表罗脱提出了四条议案，以取代中国的十条。这四条是：①尊重中国的主权与独立及领土行政完整；②给予中国完全无碍之机会，以维持和巩固一个强有力的政府，消除由改革帝制政府所产生的困难；③保护各国在中国全境商务实业机会均等的原则；④不得因中国现在状况乘机营谋特别权利或优先权利，而减少友邦人民的权利，不得奖许有碍友邦安全的举动。罗脱这四条重申了美国的门户开放政策，却阉割了中国提案的实质性内容。他企图通过协调列强对华政策来限制个别国家（显然是日本）对中国政局施加影响，谋取特权，把美国政府在这次会上想要达到的目的表述得相当清楚。

在 1922 年 1 月 16、17 日的两次全体会议上，许士两次提出了《在华门户开放案》，要求缔约各国不得为其本国人民在中国任何指定区域内获取有关商务或经济发展的优越权利，以损害他国人民在华从事正当商务实业之权利，并要求成立一个审议局，凡与该条款有抵触的各项让与权由审议局审议解决。

这个议案触犯了日、英、法的利益，这些国家的代表纷纷提出异议，经过一再讨价还价，美国撤回了关于审议局的提议，各国同意了议案的其他内容。也就是说，美国不再要求追溯既往，承认各国在华已经建立的势力范围和享有的特权，其他国家则同意以后不再在中国建立新的势力范围。罗脱议案和许士议案成为 2 月 6 日签订的《九国关于中国事件应适用各原则及政策之条约》（俗称《九国公约》）的核心内容。而中国代表团的十条原则议案则被搁置起来。

北京政府指望在华盛顿会议上实现的另一个目的，是提高关税和列强在若干年后把关税主权交还中国的明确承诺。小组讨论会几经讨论，列强才勉强同意把关税从现行的实征 3.5% 提高到实征条约规定的 5%，并允诺在将来召集由中国和各国代表参加的关税特别会议，讨论裁撤厘金和征收附加税问题。

领事裁判权是对中国主权的极其严重的损害，中国代表在会上提出了取消各国在华领事裁判权的议案。但许士反对说，1903 年中美《通商行船续订条约》曾经规定，美国在查悉中国法律情形及其管理办法等皆臻妥善后，可以放弃领事裁判权，他提议组织一专门小组调查中国司法状况。结果大会决定，在闭会后三个月内，由八国代表组织一委员会来华进行考察。

中国代表还在会上提出，"民四条约"性质恶劣，是远东和平最大障碍，应予废止。日本代表自然反对。争论的结果是，日本代表作了一点不损及根本利益的让步，如不坚持在南满聘用日人任政治、财政、军事、警察各项顾问或教练官的优先权，撤回订立"民四条约"时日本关于二十一条第五号日后再议的保留案。中国代表虽不满意，也只能发表声明了事。

中国代表还在会上提出了废止中国与各国订立的租借条例、收回租借地的方案，但除了得到英国同意归还威海卫（1930 年英国才予归还）、法国同意就广州湾与中国进行谈判的许诺外，没有实际结果。

山东问题的解决

通过会议收回山东权益，这是中国参加华盛顿会议的最主要目的。在美国方面，许士知道，山东问题不解决，就不会有东亚的稳定，"会议的成功系于山东问题的解决"；再则，当时美国公众在山东问题上的意见是那样强烈，如果这个问题不解决，国会也会像拒绝《凡尔赛和约》一样不批准华盛顿会议产生的条约。

日本力图防止在华盛顿会议上讨论山东问题。早在会议酝酿期间，1921 年 7 月 21 日，日本驻美大使币原就非正式地向许士表示，希望许士能对中国施加影响，建议中国与日本单独谈判山东问题。许士当然知道解决山东问题困难重重，他不愿背上这个包袱，到头来弄得骑虎难下，因此当 8 月 18 日币原询问美国对日本建议的意向时，他表示美国不准备过问中日谈判。

日本于是直接转向北京政府。9 月 7 日，驻华公使小幡酉吉向北京政府外交部提出《山东善后处置大纲》九条，主要内容为：胶州湾租借地及中立地带权利归还中国，中国将租借地全部开作商埠，并尊重、承认外国人的既得权利；山东铁路及附属矿山由中日合办。这就是说，日本将继续保留山东的重要经济利益铁路和矿山的控制权，以此作为归还胶州湾的条件。

会议开始之前，许士再次对施肇基建议，出于策略上的考虑，中日之间直接谈判比把问题提到会上更为有利，因为与会国大多受《凡尔赛和约》约束，不可能支持中国政府要求。英国政府也主张由英、美居间斡旋，在会外磋商解决。中方考虑再三，接受了英、美的建议。

中日关于山东问题的会外交涉从 1921 年 12 月 1 日延续到 1922 年 1 月 31 日，在两个月中共举行了 36 次谈判，美、英两国分别派出观察员列席会议。

谈判中双方争论的焦点是胶济铁路问题。它花去会议一多半的时间，在将近一个月中使谈判陷于僵局。双方在三个问题上相持不下：①中国付款数额；②付款方式和期限；③是否聘用日本技术人员。经过反复争辩，在美、英两国的斡旋下，中日才在华盛顿会议行将闭幕时勉强达成一致。1922 年 2 月 4 日，中日两国代表签署《解决山东悬案条约》。条约规定：①日本将胶州租借地交还中国，中国将其全部开为商埠，并准外国人自由居住经商。②日本将胶济铁路及一切附属产业移交中国，中国以国库券付给日本 5340 多万金马克，国库券以铁路产业及进款作保，支付期为 15 年，但中国可于 5 年后全数偿清；未偿清前，中国聘一日本人为车务长，一日本人为会计长，与中国会计长权限相当。③日本军队立即撤出山东。④日本可以投资经营淄川、坊子及金岭镇各矿山，但其股本不得超过中国股本。

山东问题的解决从谈判方式到最后方案都是中日双方互相妥协的产物。这个条约没有完全实现中国的愿望，山东的归还仍是有条件的，尽管如此，中国毕竟基本上收回了山东利权。在中国近代外交史上，华盛顿会议是中国第一次没有丧失更多的权利，而争回一些民族权利的国际交涉。之所以能如此，主要原因是中国人民的觉醒和斗争。以五四运动为肇始的反帝爱国运动变成了一种持续的力量，这使北京政府既不敢、也不能再贸然出卖民族利益，也使列强对中国人民的力量刮目相看。继芮恩施任驻华公使的舒尔曼1921年8月在上海的一次演说中讲道："今天，存在着一种强大的民族意识，一种富于进取精神的爱国主义正在激励着中国的领袖人物和年青一代。"中国的局势甚至使他意识到："只有中国人才能解决中国的问题，他们将以中国的方式这样做。"另外，苏俄的对华政策，美国人民的正义感，以及列强确立新的国际格局的需要也都起了一定作用。

从美日竞争的角度说，美国无疑是华盛顿会议的大赢家，而日本是输家。以往20年中，日本在东亚肆无忌惮地进行扩张，在很大程度上正是仰仗了英日同盟，如今，这个同盟寿终正寝了。会议虽未能取消大战期间日本在中国攫取的诸多特权，但日本毕竟还是把有些已经吞进肚里的东西吐了出来。会后不久，1922年3月，美国政府就提出，《蓝辛—石井协定》与《九国公约》原则不符，要求予以废止，日本无可奈何，被迫同意，1923年4月14日，两国换文取消该协定。从某种意义上可以说，华盛顿会议是美国联合在一次大战从中国退却的列强对日本进行的反击，面对欧美列强一致的压力，日本是不得不暂时退却的。

华盛顿会议重申了"尊重中国之主权与独立暨领

土与行政之完整"的原则，重申了门户开放的原则，不许任何一国在中国任何特定区域内谋取有损他国人民正当权利的经济特权，列强恢复了协调一致的政策，中国又回复到受列强共同支配的局面；美、英、日、法、意五国签署了《关于限制海军军备条约》，五国战列舰的吨位比例相应规定为 5∶5∶3∶1.75∶1.75，被一次大战打破的列强在东亚的均势得到恢复。列强制订了共同遵守的行为准则——尽管这些准则常常受到局部的破坏，但毕竟没有一个国家敢于公然废弃它，一个新的国际政治格局，即所谓"华盛顿体系"形成了。这是一战后资本主义世界相对稳定时期的产物，而美国是这个体系的发起者和组织者。这个体系维持了将近 10 年，直到日本悍然发动九一八事变而被打破。

七 动荡年代

 美国与直系军阀

　　袁世凯死后，北洋军阀派系斗争日益加剧，不几年，就演变成了相当规模的战争。1920年7月中旬直皖战争爆发，直系和奉系趁机联合起来讨伐皖系。美国把直奉战争看作改变中国政局的契机。国务卿柯尔比唯恐日本公开出面支持段祺瑞，于7月16日指示驻华公使柯兰说，1917年各国对段祺瑞反对张勋没有加以干涉，现在各国同样不应该否定反段势力的类似行动自由，否则就是对中国政局进行祖护一方的干涉。他要柯兰谨慎提防可能对段祺瑞有利的外交行动。

　　直系吴佩孚在讨伐皖系时口口声声"不结交洋人，不举借外债"，谴责皖系"祸国殃民，卖国媚外"。待他掌权以后，便竭力拉拢英、美，企图依靠它们的支持来巩固自己的地位，并进而建立全国的统治。

　　吴佩孚利用各种机会向美国外交、军事人员讨好，力图通过他们影响美国政府的政策。1920年7月，吴佩孚几次写信给他的政务处长白坚武的朋友、美国驻华使馆海军武官何锦思中校，询问美国海军的编制、舰只配备等有关情况，随后，他又邀请何锦思到洛阳访问。这次会见使何锦思感到，吴的行为是受反日情绪支配的。

也是在 7 月，美国陆军助理武官费禄纳少校在保定访问了吴佩孚和曹锟。吴对他大献殷勤，厚礼相待。费禄纳在 8 月 3 日给美国务院的报告中说，"直系首脑中最杰出的是吴佩孚……他的行动是一个真正爱国者的行动，他是为国家利益而不是为个人利益而工作的。……他显然极为民主，他的士兵对他既非常尊敬，又十分爱戴"，把吴佩孚吹捧成了完美的英雄和领袖。

除了拉拢官方人士，直系军阀还竭力结交美国在华民间人士，其中一个重要人物是芮恩施。芮恩施辞去驻华公使职务后，被北京政府聘为顾问，直系把他奉为上宾。他得到过曹锟的隆重宴请，也受到过吴佩孚及其部下的盛情款待。芮恩施则经常发表讲演和文章，支持直系政府。他在 1920 年 8 月的一篇文章中称颂吴是"民主的平民政府的拥护者"，把直系政府比作长江大河，势不可挡，并劝告一切"明智的政治家"同这股"巨大的力量"联合起来。

吴佩孚非常重视宣传媒介的作用，他与美、英新闻界人士建立了广泛的联系。他常常举行记者招待会，邀请记者访问他的部队和战场，对他们送往迎来，殷勤款待，竭力加以笼络。他甚至聘请一些美、英记者作为顾问，美国记者中有甘露德和侯雅信，前者是《字林报》驻北京记者，天津的美国报纸《华北明星报》的美方代表，白坚武的好友；后者是《北京导报》的实际负责人，中美通讯社的助理经理。侯雅信在直皖战争中即充任吴的新闻代理人。

直皖战争后胜利的直、奉两派分赃不均，又都想独霸天下，矛盾越来越尖锐。美国报人控制的报刊便像当年反对段祺瑞那样攻讦张作霖，称他是"狡猾的军阀"，中国北方的"反动派"，"地地道道的独裁者，在一切国家事务上独断独行，玩弄权柄，使政府不过成为一台傀儡戏"，为即将来临的战争作舆论准备。

关于直奉战争，吴佩孚早就同美国暗通声气。1922 年 1 月，他通过第三者告知美国公使，他要来一个"大扫除"，意即摒除奉系，然后建立起秩序，让国会代表决定未来的政府。因此，美国公使早就对即将来临的直奉战争心中有底。4 月，何锦思还到直奉战场进行实地访问。

直系为了对付政敌，给其统治披上"合法"的外衣，在第一次直奉战争之后演出了一幕臭名昭著的贿选丑剧。早在 1923 年 6 月上旬，美驻华公使舒尔曼就报告国务院说，他从与颜惠庆和顾维钧的谈话中概括出直系的计划是：第一步，成立新内阁，颜任国务总理，顾任外长；第二步，逼走黎元洪；第三步，颜内阁暂时代行总统职务；第四步，选举曹锟为总统。直系不仅事先向舒尔曼透露这个计划，而且在实行计划过程中，一直与舒尔曼保持频繁接触。就在黎元洪 6 月 13 日被逐离京的当天，颜惠庆、顾维钧在美国使馆谈到深夜。他们两人担心，由于国会已经分裂成四派，没有一派能控制选举总统所必需的法定票数，因此选举可能会有困难，但颜向舒尔曼保证说，他们一定把事情做得起码表面上过得去。

经过几个月的准备，总统贿选于 10 月 5 日举行。舒尔曼竟然前往观礼，为之撑腰；揭晓后，他又首先表示祝贺。当天他在给美国务院的电报中描述贿选的情况说，北京"没有欢呼，没有群众，街上只有警察、兵士和洋车夫，我是惟一在场的外国公使"。可见美国支持贿选是多么孤立，多么不得人心。10 月 15 日曹锟在接见外交使节时，特地就前总统哈定对中国的"善意和帮助"表示感谢，并希望在柯立芝总统任内美国将一如既往对中国友好。

各派军阀都力图从外国获取武器来壮大自己的实力。一战结束后，各参战国都存有大量军火，唯利是图的军火商们力图将其倾销出去，他们自然也瞩目中国市场。1919 年 5 月 5 日，美、英、日、法、意等九国曾联合向北京政府声明，为了不助长中国内乱，在中国成立为各国所承认的统一的中央政府之前，各国政府将禁止本国商民把军火和制造军火用的器材输入中国。这是各国互相牵制的一种办法，它对军火贸易设置了一道障碍。但各派军阀仍然通过各种隐蔽的途径，或者以"民用"的名义从国外获得武器弹药和飞机，以及制造军火的设备。意大利是这一时期向中国各派军阀提供武器的一个主要国家，也是直系军火的主要来源。美国军火商眼巴巴地盯着中国市场。1920年 9 月 8 日，驻华公使柯兰询问国务院，是否可向北京政府出售商用飞机。他毫不隐讳地说，这些飞机很可能用于军事目的，既然别的国家可以把飞机卖给中国，美国飞机商自然也可以这样做。国务卿柯尔比答复说，美国政府对此不予禁止。这样，国务院就正式为美国飞机售华开了绿灯。1922年美商施利文卖给吴佩孚6架美国科蒂斯飞机公司制造的飞机，价值8.6万鹰洋。此外，吴佩孚在巩县的兵工厂使用了美国机器装备，这是比向直系提供一定数量的武器更为重要的支援。

第一次直奉战争后，日本越来越明目张胆地扶植奉系。及至1924年第二次直奉战争行将爆发时，日本干脆连"中立"的伪装也不要了，日本军火源源不断运往张作霖部队；日本人帮助张作霖改组军队，采用新法练兵，帮助奉军构筑工事；在战争中，日本顾问在前线指挥奉军作战，日本军佐直接在奉军中充任下级军官。可以毫不夸张地说，第二次直奉战争是日本人帮奉军打赢的。

可见，直系为了与皖、奉系争夺，竭力执行亲美、英的路线，力图争取它们的援助和支持；而美国为了抵制日本的扩张，也支持直系军阀，但它没有像当初支持袁世凯那样支持直系，也没有像日本扶植奉系那样援助直系。

在直系财政最为窘迫的时候，英、美没有给予财政援助；在战争的紧迫关头，它们没有供给武器弹药。在两次直奉战争中，它们没有给直系以实质性的援助。

美国与广州革命政府

　　1917 年夏，孙中山为反对段祺瑞政府破坏《临时约法》和国会制度，提出"护法"号召，到广东建立"护法"根据地，并组织军政府。1918 年 5 月护法战争失败。1920 年 8 月，粤军打败桂系军阀，11 月，孙中山回广州重组军政府，形成南北对峙的局面。

　　孙中山看到当时对中国最大的祸害是把"二十一条"和军事密约强加给中国、妄图独霸中国的日本，指望利用美、英与日本之间的矛盾，取消这些条约，挫败日本的阴谋。他在不同场合一再肯定海约翰的门户开放照会"能够防止瓜分中国"，表示"中国南部人民，今力争美人所主张之开放门户主义"。他力图改善中国革命的国际环境，希望美国对中国革命给予某种同情。

　　美国政府对中国形势却没有正确估计，尽管美国驻华外交官也觉察到了中国人民的"民族主义"情绪正迅速增长，但他们没有意识到中国正处在一场大革命的前夜。而孙中山正像当年领导辛亥革命一样，在组织和准备这场革命。美国政府仍然把他看作"狂妄自大的麻烦制造者"，是妨碍中国统一和安定的主要因素。如同在辛亥革命时期一样，美国政府依然对孙中山及其领导的政府采取一种既蔑视又敌视的态度。这在美国对待广州革命政府的承认问题和关余问题上表现得十分明显。

　　当时，中国关税大多被用作偿付庚子赔款及别项外债本息，所余款项称作关余。从 1919 年起，广州军政府分得关余的 13.7%，广州海关按月偿付了 6 次。1920 年 4 月起，因军政府内部各派纷争，海关暂停支付关余。孙中山 1920 年 11 月回广州后，催请海关照旧付款，海关置若罔闻。12 月初，北京政府要求把关余都解交北京政府财政部。在各国政府支持下，以英、美公使为首的外交团作出决定，把原归广州军政府的关余交给北京政府。

　　1921 年 5 月 5 日，孙中山宣誓就任非常大总统。当天，他发表对外宣言，要求各国承认广州革命政府"为中华民国惟一之政府"。孙中山还特地给美国总统哈定写了一封信，让驻华盛顿的代表马素连同宣言一起转交美国政府，同时也请美国驻广州副领事普赖斯转交。他在信中又一次称颂美国是"民主之母，是自由和正义的捍卫者"，希望美国政府承认广州政府，支持中国人民反对北洋军阀及日本帝国主义的斗争，并恳切表示，"中国现正处于其生存最危急的时刻，民主是获胜还是失败在很大程度上取决于美国的决定"。

　　密切注视南方事态发展的普赖斯副领事对广州革命政府持同情态度。孙中山宣誓就任非常大总统后，普赖斯于 5 月 7 日再次向美国务院报告说，"我相信，在这个群体身上——不仅是一个孙中山，而且是华南一大批支持民主原则和事业的人们身上——寄托着中国惟一的希望"。他把孙中山致哈定总统的信连同他 5 月 7 日报告一起寄送国务院。

但这种看法在美国驻华外交官中毕竟是凤毛麟角，驻华公使柯兰、驻广州总领事伯格霍尔兹都反对他的意见。他们认为孙中山的作为并非出于爱国主义的目的，而是为狭隘的个人动机所驱使，他们把他领导的政府看成是阻止中国南北和解统一、妨碍贯彻美国政策的地方派别。普赖斯的报告更使国务院恼怒。它把孙中山的信退还给伯格霍尔兹，并责成其教训普赖斯："对于一个反对美国与之有友好关系的政府的组织"，美国政府不允许领事馆为其"充当官方的通讯渠道"。

1922 年春，日本在华盛顿会议上的暂时退却和张作霖在直奉战争中的失利接踵发生，美国感到由直系军阀统一中国的前景"比以往任何时候都好"。孙中山对北方军阀采取不妥协态度，更遭到美国忌恨。1922 年 6 月 16 日，陈炯明发动武装政变，炮击观音山孙中山住处越秀楼。美国外交官和国务院幸灾乐祸，分外高兴。舒尔曼和国务院都指望陈炯明能把孙中山这个"中国重新统一的突出障碍"排除掉，如果陈炯明做不到，就由北京政府采取措施。

孙中山历尽艰辛，备受挫折，但国民革命之志却未尝动摇。在他困难的时刻，共产国际和中国共产党向他伸出了援助之手。1923 年 1 月，苏俄政府特使越飞飞抵上海，与孙中山进行会谈，并发表了《孙文越飞宣言》。宣言的发表，标志孙中山由寻求西方大国的援助转向寻求苏联的援助。2 月，孙中山返回广州，第三次在广州建立政权。

1923 年 9 月，广州革命政府再次提出收回关余问题。9月5日，外交部长伍朝枢通过英国驻广州总领事杰弥逊向公使团发出备忘录两件，要求公使团立刻同意把关余交与革命政府，并将1920年3月以来扣押的关余一并交付。备忘录还申明，关税之款项，将用于广州市政建设，修筑粤省公路，改革币制，保护河流等事业。舒尔曼建议外交团实行拖延，并称"陈炯明重新执政的可能性仍然存在"。国务卿许士同意舒尔曼的看法。外交团居然三个月不给广州政府答复。

同时，外交团却在反复讨论应付广州政府可能采取措施的种种办法，最后各国公使一致主张在广州海面举行海军示威，以炫耀武力来阻遏广州政府将海关收回自办。许士12月5日致函柯立芝总统，向他报告广东的形势和外交团的意见，并称："显示武力将足以达到维护中国海关完整的目的"，请求总统批准与其他大国一起行动。柯立芝立即照准，让他与海军部商办调集军舰。于是，美、英、日、法、葡等国纷纷往黄埔集结军舰，其中以美舰最多，达6艘。12月14日，17艘外国军舰驶进广州白鹤潭示威，对孙中山大元帅府进行直接的武力恐吓。列强耀武扬威，剑拔弩张，形势骤趋紧张。

17日，孙中山发表《致美国国民书》，呼吁美国人民理解中国人民的革命事业，起而阻止美国政府这种助纣为虐的行径。两天后，孙中山又发表了致美国政府的抗议电："我争应得关余，美舰压境独多，助恶长乱，深为公理惜"，既表示了他对美国的深深失望和强烈愤慨，也亮明了中国革命者维护主权、不畏强暴的严正立场。

列强的蛮横行径激起了广东各界人民的无比义愤，广东省及广州市各界连日举行示威游行，并发表对内对外宣言，抗议帝国主义的暴行，坚决要求收回关余。

在民族意识日益觉醒的中国人民和中国革命者面前，列强的武力威胁没有奏效。于是，适在中国南方巡游的舒尔曼出来充当"调解人"的角色。1924 年 1 月 5 日，舒尔曼到达广州，并于当天与伍朝枢会谈两小时。次日，他会见孙中山、陈友仁、伍朝枢等。在舒尔曼的斡旋下，6 月 19 日，北京政府命令安格联拨粤海关关余充作西江疏浚费用，孙中山派林森处理广东治河督办事宜。

关余问题的胜利解决是中国民族民主革命力量面对强权不屈斗争的结果。它向全世界昭示，帝国主义在中国为所欲为的时代已经过去，它们妄图以武力作后盾，将其意志强加于中国人民的企图是不能得逞了。

 美国与大革命

尽管美国政府一直对孙中山及其领导的革命运动抱着轻蔑态度，革命运动却从南方蓬蓬勃勃地发展起来，大有烈火燎原之势。

面对中国急剧变化的政局，美国政府没有审时度势，相应地进行政策调整，而仍然基本继续前几年的政策，继续承认摇摇欲坠的北京政府，不承认，甚至不考虑承认国民政府。为了寻求保护美国在华利益，美国政府在特定情况下甚至不惜使用武力，但这更多是一种炫耀和威吓，而不是大规模的武装干涉。

1926年8月，国民革命军进入湖北战场。美国驻汉口总领事罗赫德和海军少将霍夫以保护武汉三镇外侨为由，要求向那里增派军舰。公使马克谟很快批准了这一要求。9月2日，美国亚洲舰队司令威廉士上将派遣驻烟台的两艘驱逐舰全速驰援。两舰于6日晨驶抵汉口后，霍夫命陆战队在汉口登岸，"保卫"租界。这样，美国就在汉口集结了6艘军舰，26日增至9艘，陆战队的兵力也超过了其他国家。9月间，美国士兵与国民军发生多次冲突，仅9月19日一天，美国炮舰鸽子号就发射了2300多发枪弹、炮弹。美国海军陆战队实际上援助了吴佩孚，阻挠了北伐的进展。

但美国政府也避免与国民革命军发生严重冲突，避免卷入中国内战。因为美国外交官都看到，北京政府已经有名无实，丧失了对中国各地的统治权，完全失去了代表性，而北伐军却越来越壮大，所向无敌。1927年1月27日，凯洛格发表对华政策声明。声明的基本内容是：第一，要求美国在华条约权利，包括贸易最惠国待遇得到保护；第二，表示美国准备与能够代表中国的人士就附加税、恢复中国关税自主，并在中国准备对美国公民的生命财产给予保障时谈判放弃领事裁判权进行谈判，但"惟一的问题是和谁去谈"，言外之意是，这些问题之所以没有解决，原因在于没有一个代表全中国的统一政府，从而推卸了美国的责任；第三，声明现行条约不能由总统废止，必须由两国经过谈判产生的、由美国参议院批准的新条约加以代替，即是说，中国不能单方面废除不平等条约。

既然中国革命是不可避免、不可扑灭的，美国政府便指望使这场革命带上"温和"的色彩，不要太多触动美国在华利益。从中山舰事件到四一二政变的一年多中，美国在华使领人员无时无刻不在窥测、分析、估计革命阵营内部的变化、斗争和力量消长，他们把革命队伍分作"左派"、"右派"，或"激进派"、"稳健派"（有时用"保守派"），前者是国民党内的共产党人和陈友仁等，他们是受鲍罗廷和其他苏联顾问影响、支持和指使的；后者的领袖是蒋介石。美国驻广州总领事精琦士身处国民政府所在地，对事情观察得比较准确，发出的报告也最多。蒋介石通过国民党二届二中全会排斥共产党人，巩固和强化自己的权力，这种事态发展符合美国的期望。精琦士在 5 月 25 日欣喜地报告说，"国民党的实权不在政府，而在蒋将军手中。有把握说，蒋将军反对共产党，忌妒俄国人，看来他完全控制了刚刚结束的会议"。精琦士对"稳健派"战胜"激进派"已经充满信心，他乐观地设想，只要美国和英国像苏联那样提供武器和财政援助，"只要它们稍加鼓励，政府中的稳健派就会抛弃俄国人和共产党人，转而实现更为友好的政策"。

关于革命阵营内部分化的报告也来自别的外交人员。如 1927 年 1 月 22 日驻福州领事普赖斯报告说，部队中的军事部门是"稳健派"控制的，政治部门是"激进派"控制的，前者实行保护外国人生命财产安全的政策，后者采取激进的反帝立场，两者之间的分裂必定日趋严重。"如果消息确实，这种分裂已经在蒋介石与鲍罗廷之间发生了"，这种分裂在东路军司令何应钦与政治部门领导人及俄国顾问之间无疑也存在着。他认为，对大国来说，"明智的做法是，对政治部门完全置之不理，直接与军事部门打交道"。

蒋介石随着北伐的进展，随着他地位的巩固，不断向列强作出公开表示，以打消它们对国民革命的疑虑。列强中拉拢蒋最起劲的是日本，但蒋介石也通过各种官方的、私人的、直接的、间接的渠道与美国外交人员保持接触。1月26日，国民党中央执委王正廷事先征得蒋介石同意与美国驻沪总领事高思举行秘密接触。王告诉高思，"国民政府控制权并未真正落入极左派手中"，稳健派殷切希望汉口收回英租界事件不在上海重演；杭州攻克后，国民革命军将不进上海，直赴南京，以免同外国军队发生冲突。此后，蒋系干将何应钦、伍朝枢同外国驻沪领事频频接触，磋商国民革命军在上海与列强避免冲突的办法。高思从种种迹象推测到，"相信随国民革命军到达上海，对国民党左右两派的真正考验也将来临"。2月25、3月23日，与广东财政厅长孔祥熙过从甚密的美国人柯亨两次见精琦士，向他透风说，蒋介石恨苏联人，他之所以与鲍罗廷合作，是因为他绝对需要苏联提供的军火，如果其他大国取代苏联提供这种援助，蒋立即就会与鲍罗廷决裂。

4月12日，蒋介石在列强，主要是日本的支持下，悍然发动四一二政变，走上了公开背叛革命的道路。

八 事变前后

 ## 美国与初建的南京国民政府

南京国民政府成立后，为了迅速得到列强的外交承认和支持，把解决"宁案"作为要务。

3月24日国民军攻克南京时，溃败的直鲁联军残部和革命军中一支刚由孙传芳部反正的部队在城内抢劫滋事，波及外侨和英、美领馆，英人三名，美、法、意各一人遇害。两艘美舰、一艘英舰遂炮击南京城，造成居民生命财产严重损失，是为"宁案"。此事迭经交涉，未得解决。5月至7月，南京政府外交部长伍朝枢、交涉员郭泰祺与美国驻沪、宁领事多次接触。国民政府最初提出的方案一方面承担骚扰美国人的责任，一方面要美国对炮轰南京表示歉意，并废止中美间现行条约，缔结平等互利新约。美国只接受前一方面，而拒绝后一方面。交涉断断续续，直到1928年3月30日，新任外长黄郛才与美国公使马克谟互换照会文件，国民政府表示了对骚扰美国人的道歉，并承担赔偿责任，而美国却只对不得不采用开炮来"借以保护"表

85

示 "遗憾"。国民政府曲意逢迎，以牺牲中国人民的利益，来换取美国和其他大国的支持。美国对这种处理十分满意，凯洛格第二天即致电马克谟，对他 "努力的圆满结果" 表示祝贺。此后，美、意、法、日援引中美交涉先例，与国民政府达成内容类似的协定。

在 1925 年 9 月至 11 月华盛顿会议的九个与会国代表在北京举行的关税会议上，列强已承诺中国自 1929 年 1 月 1 日起关税自主。1928 年 6 月初，北京奉系政府瓦解，南京政府宣告 "北伐成功"。15 日，新任外长王正廷发表对外宣言，要求与各国遵照正当手续，实行重新订约。7 月 7 日，国民政府又发表《关于重订条约的宣言》。美国政府既已知道中国关税的自主势在必行，便决定像了结 "宁案" 那样走在各国前头，以显示对国民政府的好感。20 日，美驻华公使马克谟奉命与专程到北平的国民政府财政部长宋子文开始谈判。谈判进展顺利，25 日，两人分别代表本国政府签署条约，规定中国以前税率作废，1929 年 1 月 1 日起实行关税自主。条约中特别写明：美国贸易与其他国家相比，待遇毫无区别，美国货品在中国境内所交税收不高于中国货品。这就是说，美国保留了最惠国待遇。中美关税新约的签订使国民政府与美国有了正式的条约关系，即由先前事实上的关系升级为法律关系，美国正式承认了国民政府。

有了中美关税新约作为样板，国民政府在 1928 年 8 月至 12 月间先后与有关国家签订了关税新约，唯有日本一再拖延，中日间的条约至 1930 年 5 月才勉强达成。

关税新约的签订使中国收回了自鸦片战争以来丧失了80多年的关税自主权，是中国朝着国家主权完整的方向迈出的重要一步。自1929年起，国民政府就开始实行一系列税则改革，对奢侈品和其他需要限制进口的商品提高关税，以保护本国工业和贸易。总的说来，1928年的关税率是4%，1930年上升到10%，1931年为15%，这三年的关税收入分别为1.34亿、2.92亿、3.88亿元，这无疑有助于中国经济的恢复和发展。

关税新约签订后，国民政府立即开始同美国商谈废止领事裁判权问题。但当时各国都认为此事要"极端审慎"，几个月中中美谈判没有取得进展。1929年3月，胡佛就任美国总统，史汀生任国务卿。史汀生于8月10日照会中国政府，表示愿意与中国谈判"逐渐放弃治外法权，或在指定区域，或于专定法权之种类，或其两项"。此后，中美两国的交涉，便主要围绕着这"指定区域"与"未定法权"两个问题进行。美国起先要求，民事案件和轻微刑事案件由中国法庭审理，刑事案件仍由美国法庭审理，且美国享有移审权，美国人为被告的案件可从中国法庭移至美国法庭审理，等等。这一要求理所当然遭中方拒绝。1930年4月美国提出新方案，它放弃了移审权的要求，但提出，上海、汉口、广州、天津四地保留领事裁判权，为期10年。中方只同意上海公共租界为保留地，为期3年。双方分歧仍然很大。

为了促进废约谈判，5月份举行的国民会议第五次大会通过《废除不平等条约宣言》，宣布对以前签订的中外之间的不平等条约概不予以承认。列强担心废约的迟滞激起中国人民的大规模废约行动，便又略作让步。7月中旬美方提出建议：①美国放弃领事裁判权，中国至少在 5 年内维持适当保护措施；②天津、上海为保留区，期限分别为 5 年、10 年。两个月后，王正廷邀美国公使詹森赴南京谈判。

中英之间的谈判与中美谈判平行进行。正在这时，九一八事变爆发了，中美、中英之间的谈判乃告中断。

 ## 2 "不承认主义"

1931 年 9 月 18 日，日本关东军经过精心策划，自行炸毁了沈阳北郊柳条湖附近南满铁路的一段铁轨，随即诬称中国军队破坏铁路、袭击日本守备队，突然向中国东北军驻地北大营和沈阳城发动进攻，制造了震惊中外的九一八事变。

国民政府对日本侵略采取不抵抗政策，而把制止侵略的希望寄托在国际联盟和美国的干涉上。9 月 19 日，国民政府外交部指示在日内瓦的中国驻国联代表施肇基把中日冲突诉诸国联，同时指示驻美代办容揆向美国通报情况。21、23 日，国民政府又连连照会美国政府，要求美国援引《非战公约》，制止日本侵略。

美国政府对事变的基本估计是：事变既非日本文官内阁所策划，也未得到其默许，它与币原外相的政策是背道而驰的。美国政府希望日本政府在没有任何外来影响的情况下去控制局势，制止事态的扩大。24
日，史汀生向中日两国政府发出同文照会，要求两国
政府保持克制，避免新的敌对行动，采用非暴力手段
解决争端。

　　9月30日，国联理事会通过决议，要求中、日双
方避免冲突，日本把军队撤到铁路区域。日本蔑视国
联决议。10月5～6日，宋子文口头和书面要求美国政
府采取措施敦促日本迅速完全撤军。但美国对中国的
一再呼吁置若罔闻。8日，关东军的几架飞机对当时辽
宁省政府和东北边防司令长官公署临时所在地锦州进
行狂轰滥炸，这使史汀生感到震惊，11日，他向日本
政府发出一份抗议照会，指出"轰炸锦州是一件十分
严重的事"，责问："日本军用飞机到底有什么权利飞
到该城，进行挑衅，投掷炸弹？"

　　但美国政府依然不想采取实际措施。10月24日，
国联理事会通过关于中日战争的第二个决议，限令日
本在11月16日之前将军队完全撤到南满铁路区域，
大国将派代表察看决议执行情况。这一决议给中国带
来希望。10月26日，蒋介石同时召见美、英、法驻华
大使，要求每个国家至少派两名代表，一名军人、一
名文职人员来华。但史汀生认为国联限期让日本撤军
的决议是"不明智的"，可能"导致僵局"，因此迟迟
没有对决议作正式表态。由于大国互相观望，踌躇不
前，国联第二个决议并未付诸实施。

　　与此同时，日本积极策划扩大占领区，11月18
日，日军占领齐齐哈尔。消息传来，史汀生再次感到

震惊，他若有所悟地在 19 日的日记中写道："我们与之打交道的日本政府再也不能控制局势了，局势实际上是在一群疯狗的掌握之中。"当天他接见日本大使，历数了事变以来日本在东北攻城略地的事实，指出，这是违反《非战公约》和《九国公约》的行为。史汀生还考虑对日本实行经济制裁的问题，但胡佛总统不同意，因为当时美国正爆发严重的经济危机，自顾不暇；国内也弥漫着不插手美洲以外地区纷争的和平主义、孤立主义情绪。

1932 年 1 月 2 日，关东军终于冒天下之大不韪，侵占了锦州，7 日，美国政府在给中、日两国政府的同文照会中声明：美国政府不能认可任何事实上的情势的合法性，也无意承认中、日两国政府或其代理人之间缔结的可能有损美国在华条约权利的任何条约和协定，任何违反门户开放政策的条约和协定。这就是所谓"不承认主义"或"史汀生主义"。

这个照会用明确的肯定的语言反对日本用武力手段侵占中国领土，损害中国主权，不承认日本的侵略成果，这无疑是对日本侵略的一种阻遏。1915 年 5 月，当袁世凯政府被迫接受日本二十一条要求时，美国务卿布赖安也曾发表了类似声明，在华盛顿会议期间，美国终于迫使日本退出了部分侵吞的权益。从这个意义上说，不承认主义实际上是保留了今后在适当时候进行干涉的权力，因而具有一定积极意义。

史汀生的声明受到美国舆论热烈支持，也受到中国政府的欢迎。国民政府并保证，决不会订立那种损害中国主权独立与行政完整的条约。日本政府在复照中一面重弹满洲门户开放的老调，一面又狡辩说，国际条约在中国的运用要视中国变化了的情况而定，以掩盖其侵略罪行。

其时，日本正在东北炮制伪满洲国。为了转移国际上的注意力，日军于 1 月 28 日在上海闸北大批登陆，向中国守军发起进攻，挑起了一·二八事变。30 日，国民政府外交部向国联和《九国公约》签字国驻华公使发出照会，呼吁各国采取有效手段，制止日本军事行动。

上海是列强在华利益最集中的地方，英国在华投资的七成以上，美国的约六成半，意大利的七成都集中在上海。日本在上海开战，列强不能坐视了，美、英两国要求日本立即停止在上海的军事行动，并训令各自驻沪领事斡旋停战，特别是保障公共租界的安全。中国政府表示接受列强的斡旋。而在中国东北，伪政权的筹备工作已大体就绪，日本便同意进行谈判。从 3 月 14 日起，国民政府外交次长郭泰祺、日本公使重光葵及侵沪日军司令在上海英国总领馆举行谈判，英、美、法三国公使和意大利代办列席参与协商。5 月 5 日，双方签署《上海停战协定》。协定规定，中国军队"留驻其现在地位"，"日本军队撤退至公共租界暨虹口方面之越界筑路"，也就是说，日本军队可驻上海市区，中国军队却只能驻在嘉定、太仓、昆山一带。协定即将签字的消息传开，愤怒的学生痛殴了郭泰祺。

在上海停战谈判期间，以英国前驻印度总督李顿为首、有美国前驻菲律宾总督麦考益参加的国联远东调查团于 3 月 14 日到达上海,中国政府代表顾维钧从此参加调查团工作。调查团在中国东北和其他地方调查三四个月之后,于 10 月 2 日发表了《国联调查团报告书》(又称《李顿报告书》)。报告书确认了日本军事占领东北三省的事实,但没有认定日本军事行动的侵略性质;它既承认中国对东北三省的领土主权,又极力渲染日本在那里的"特殊地位";既反对维持伪满洲国,又不赞成恢复"九一八"事变前的状况,而主张对东北实行国际共管,日本在其中享有特殊地位。这个报告书没有使日本满意,也理所当然地遭到中国人民的反对。从 11 月下旬起,国联开始反复审议、辩论该报告书。一般说来,英、法等大国代表比较偏袒日本,而众多小国代表则同情中国。

其时美国大选刚过,罗斯福成为当选总统。日本乘机造谣说,新政府将完全改变美国远东政策。为了消除人们对美国改变政策的担心,1933 年 1 月 9 日,史汀生在纽约州海德庄园罗斯福家里会晤当选总统。罗斯福表示完全赞同史汀生的远东政策,认为日本在中国东北的冒险最终是要失败的。史汀生随即通知英、法政府,美国两届政府的立场没有改变,美国政府和人民将注视国联采取的行动,支持国联作出的明智决定,并乐于与国联合作。

2 月 24 日,国联特别大会以 42 票赞成、1 票(日本)反对通过《关于中日争议报告书》,它用比《李顿报告书》更明确的语言谴责日本发动九一八事变、制造伪满洲国的行径，并要求日本遵照国联已经作出的决议，把军队撤到"铁路区域"之内，并定出撤军的方法、步骤、期限。中国代表接受报告书，并希望国联根据盟约进一步对日本实行制裁。日本拒绝报告书，并于 27 日宣布退出国联。美国欢迎报告书，表示美国与国联对中日争端的结论是基本一致的，美国赞成国联方针。

 ## 棉麦借款与白银协定

1933 年 3 月，罗斯福开始了他的第一任期。在被经济大衰退所困扰的美国，人们对外部世界普遍表现出漠不关心，举国上下所瞩目的是，迅速摆脱失业、贫困和饥饿。罗斯福集中全力推行"新政"，对中日争端实行一种处处小心、事事谨慎的不介入、不干预政策，生怕得罪日本。

日本在东北得手以后，又向关内进逼，3 月占领了热河省，5 月又发动第二次长城以南作战，并迫使中国订立了《塘沽停战协定》。民族危机的加深使得国民政府内以宋子文（时任行政院副院长兼财政部长）为代表的一部分亲英、美人士迫切希望借助英、美力量遏制日本。宋子文乘参加世界经济会议的机会，于 5 月 6 日到华盛顿，提出向美国借款购买美国小麦、棉花的要求。美国国务院怕贷款触怒日本，提出异议，但农村信贷署署长、罗斯福的密友摩根索从棉麦生产州的利益出发，竭力促成贷款。5 月 29 日，中美 5000 万美元的棉麦借款达成，其中 4000 万美元用于购买美棉，1000 万美元用于购买美麦。美国以高于国际市价的价格向中国出售棉、麦，收取运费，借款在美国国内大受欢迎。

中国工商界大多反对借款，认为美国棉麦的进口将沉重打击国内农村经济，打击民族工商业。一些政界人士如胡汉民也对借款提出异议。

日本强烈反对借款。7 月 17、24 日，日本一再声明"绝对反对"欧美各国对华借款及购买武器之契约。8 月 10 日，日本驻美大使出渊胜次极为不满地向美国国务卿赫尔表示，美国向中国出售棉麦将"严重影响日本"。除了外交抗议外，日本政府还明令在华日本棉纺织厂采取不合作态度，一律不买进口美棉；加上中国国内棉花丰收，棉纺织业萧条，造成进口美棉积压；麦粉也因价格过高，难以销售，国民政府被迫请求美国政府减少债额。1934 年 2 月，中美双方商定，美棉债额由 4000 万美元减为 1000 万美元，美麦债额不变。同时，国民政府不得不低声下气地恳求日本纺织厂购进美棉。棉麦借款无论从哪一方面说都成了一次很不成功的尝试，宋子文本人也被迫于 1933 年 11 月辞职。

国民政府同时还与别的国家及国联有种种财政、技术和军事上的交涉和合作。针对这种情况，日本外务省情报部部长天羽英二于 1934 年 4 月 17 日发表声明说，如果中国利用其他国家排斥日本，各国对中国采取共同行动，即使名义上是财政的或技术的援助，日本都不得不加以反对。显然，这是一项排斥英美在华势力，把中国视为日本独占殖民地的声明，它与《九国公约》的条文和精神完全是背道而驰的。国民政府于19、26日发表两次声明，表示中国的主权与独立之国格，断不容别国损害。美国政府在28日就《天羽声明》给日本的照会中只是说，中美关系是受国际法准则及各种国际条约支配的，没有一个国家可以不经其他有关国家的同意，在涉及别国的权利、义务的问题上达到自己的企图。照会既不提《九国公约》，也没有说美国对于违反国际条约的行为将采取什么态度，这个照会比起史汀生的不承认主义来实在是一个倒退。

1934年下半年起，美国政府在国内一心希望为白银行业谋取利益的白银集团的压力下，开始大量收购白银作为通货储备金，导致中国白银出口剧增，给中国币制带来严重混乱。中国政府为遏制这种势头，加征白银出口税，结果是合法出口减少，走私出口更加猖獗。中国政府一再商请美国限制白银价格，按两国都同意的条件向美国售银，但无效果。

1935年2月初，中国政府向美国表示，中国打算把中国币制改为金银双重本位制，要求美国提供1亿美元贷款。美国政府生怕在国内得罪白银集团，在国外触犯日本，不敢作出有效反应。倒是英国政府希望中国新货币与英镑挂钩，派了首席经济顾问李滋罗斯来华考察，先于美国介入了中国的币制整理。

10月26日，中国政府建议，由中国政府直接向美国政府售银1亿盎司，但不在市场公开抛售，以便刺激白银市场。11月1日，财政部长孔祥熙又把有李滋罗斯参与拟定的中国币改方案告知美国政府，并暗示，如果美国答应大量收购中国白银，新币可能与美元发生联系；否则，中国只得求助于英国，新币也只能与英镑挂钩了。2日，代理财政部长摩根索在与中国驻美公使施肇基的谈话中表示，同意向中国收购1亿盎司船上交货的白银。国民政府鉴于当时的金融市场恐慌，来不及与美国磋商售银条件，便匆匆于3月颁布币制改革紧急令，宣布自4日起发行新货币（法币），白银收归国有，限期兑换法币。

英国政府支持这一法令，并要求在华英商和侨民遵守币改令。日本怀疑中国币改是在美国策划和支持下进行的，责问国民政府为什么事先不同日本商量，在华日商也拒绝交出白银，继续从事走私出口。

美国的态度比英、日复杂，它一心希望法币与美元挂钩，中美之间还有一个售银问题。4月7日，以在美国颇有声望的中国银行家、上海商业储备银行总经理、中国银行常务董事陈光甫为首的中国币制代表团赴美，就中国保证其货币未与英镑发生联系、中国保证在国内扩大白银的用途等问题与美方进行谈判，以换取美国政府购买白银、维持银价的新承诺。5月15日，中美两国财政部以备忘录及换文形式达成《中美白银协定》。协定主要内容为：

（1）中国保证币制独立，不与世界任何货币集团连锁；

（2）中国除外汇、黄金外，保持现金准备中的25%为白银，并取消关于艺术与工业用银的限制；铸

造半元、一元银辅币;

（3）美国承购中国白银 7500 万盎司，另接受 5000
万盎司作为 2000 万美元贷款的担保。

这一协定表明，国民政府对美国财政上依附的加
深。从 1934 年 11 月到 1937 年 7 月，国民政府向美国
售银 4 批共 2.06 亿盎司，价值 9576 万多美元，占了国
民政府发行法币外汇准备的主要部分，到 1937 年 7
月，国民政府存于外国的黄金和外汇准备共 1.35 亿美
元，其中 70% 存于美国，其余存于伦敦和香港。

从另一角度看，《中美白银协定》的订立和美国收
购白银增加了中国货币发行的外汇准备，使法币得以
暂时稳定，避免了一场行将爆发的全国性金融危机，
对当时的币制改革和社会经济发展，都有一定积极作
用。抗战爆发后，美国继续收购中国白银，至太平洋
战争爆发，共购银 3.6 亿多盎司，价值 1.572 亿美元。
这有助于维持抗战初期中国的财政稳定。抗战爆发后，
美国政府放弃了协定第二条的要求。

九 抗战前期

 抗日战争第一年

1937 年 7 月 7 日，日本军队在卢沟桥挑起事端，发动了全面侵华战争。战争之初，蒋介石一面下令就地抵抗，一面企图谋求事变的和平解决，国民政府除与日本交涉外，还促使英、美等国调解，但美国却不愿介入中日冲突。16 日，国务卿赫尔在与总统商量后发表一项正式声明，大谈信守国际协议，维护条约神圣不可侵犯的原则、贸易机会均等等国际关系准则，声明中稍有分量的话是：正在进行或即将发生的任何敌对军事行动，都可能使各国的权益受到严重影响，美国将根据其他国家的军事力量的消长来增减自己的军队。由于声明没有片言只语谴责侵略和侵略者，包括德国、日本、意大利在内的 60 个国家立即表示赞成声明的原则。

中日冲突在不断扩大，8 月 13 日，战火又烧到上海。国民政府希望美、英、法、德、意五国采取联合行动，对中日战争进行调停，并通过各种途径把中日冲突诉诸国际社会，争取各国的同情和支持。但在9、10月间的国联会议上（美国不是国联成员国，但它在国联远东咨询委员会派有代表），在11月上旬的《九国公约》国家会议上，美国都抱定7月16日声明的立场，而不愿前进一步。罗斯福在10月12日的一次广播演说中称，即将举行的九国公约国家会议的目的，是通过协商求得当前中国情势的解决，我们的宗旨是要同包括中国和日本在内的其他签字国合作；这就为会议定下了调子。中国代表顾维钧要求列强对日本实行经济制裁，要求美、英、法联合举行大规模海军示威，抗议日本侵略，列强对中国要求置若罔闻。会议除了空谈一些普通原则，没有取得任何具体结果，成了对法西斯国家的一次示弱。

12月12日，日军在进攻南京时炸沉了停泊在南京以西长江中的美国炮舰"帕奈"号，美国公众和国会对此事有各种反应，但总的来说是温和的。占上风的看法是：这是个别飞行员的偶然事件，不应由日本政府负责，结果以日本赔礼道歉，并赔偿220万美元了事。

美国对日本侵华的这种软弱妥协态度有种种原因，主要是：

（1）美国国内严重的孤立主义与和平主义。孤立主义是美国外交的传统。一次大战以后，不参与美洲以外事务的孤立主义情绪再度泛滥，美国参加一次大战被攻击是为了填满军火商的钱袋。10月5日，罗斯福总统在芝加哥发表了一个主张像对瘟疫病人一样对侵略者实行"检疫隔离"的讲话，孤立主义者立即强烈抨击说，罗斯福所寻求的和平恰恰意味着战争。正是在这种孤立主义的背景下，美国制定了中立法，其中规定，对所有交战国和进行内战的国家一律实施军火禁运，总统有权确定战争状态是否存在、禁运的军需品种类和宣布禁运的时间。

（2）经过数年"新政"，美国经济大衰退的局面已经根本扭转，但美国经济仍处在复苏阶段，对外贸易是刺激经济恢复的重要因素，而对日出口占美国的近10%。日本发动全面侵华战争初期的战略物资，很大一部分是美国提供的。

（3）当时国际上弥漫着对法西斯的绥靖主义。

（4）由于中国一个世纪以来在国际上长期受帝国主义欺侮的软弱形象，由于九一八事变以来国民政府的不抵抗政策，也由于日本在战争初期气势汹汹，叫嚣"三个月灭亡中国"，国际上对中国能否坚持抗战普遍缺乏信心。

但是，中华民族不畏强暴，不怕牺牲，在以国共合作为基础的抗日民族统一战线的旗帜下坚持抗战，粉碎了日本速战速决的图谋，使日本陷在侵华战争的泥淖中，欲进不能，欲退不甘，国际上不能不对中国刮目相看，美国军界、政界的有识之士也开始重新思考中国抗战的战略地位。在美国政界，内政部长伊克斯、财政部长摩根索、国务院远东司司长亨贝克、驻华大使詹森都是比较积极主张援华抗日的；在军界，亚洲舰队司令亚内尔、海军作战部长李海（太平洋战争爆发后任参谋长联席会议主席）主张对日本持强硬立场。亚内尔在不断发给海军部的报告中警告说，如果允许日本征服中国，那就等于放弃亚洲大陆及对太平洋的控制权，白种人在亚洲就不会有前途了；中国是美国最重要的盟友，挫败日本图谋的唯一办法是援助中国的抵抗。李海把亚内尔的报告在国务院、陆军部和白宫的班子中传阅，并把有的报告送呈总统。

到 1938 年年中，美国政府中主张援华制日的呼声越来越高，美国舆论也越来越倾向于同情中国。美国政府采取了中国抗战以来第一个制日措施。6 月 11 日，赫尔在记者招待会上公开谴责日本对中国和平居民的狂轰滥炸，随后他致函 148 家注册出口飞机和飞机部件的厂家，表示政府强烈反对把飞机和航空设备售给世界上对和平居民进行轰炸的国家，这就是所谓"道义禁运"。国务院的呼吁得到了绝大多数厂家的支持，此后数个月中，美国对日输出的飞机及航空部件锐减。

1938 年年中，国民政府内部对于战争开始以来的对外关系进行了检讨。经过抗战头一年的观察、试探、实践和分析，国民政府确定了以美国为主的外交方针。蒋介石认为在各国中，只有美国是民主舆论之国，容易引起义侠之感，且罗斯福总统有解决远东整个问题的抱负，日后必能有所作为。他认为，只要中国坚持，国际形势定有改变的一天，从此国民政府把战时外交的重点明确地放在对美关系上。1938 年 10 月起担任驻美大使的胡适，把国民政府的外交方针概括为"苦撑待变"。

② **苦撑求援**

1938年10月1日，外交部致电尚未到任的胡适，阐明对美方针。这主要是：①要求美国影响英国，使其不与日本妥协，并进而谋求中、美、英在亚洲合作抗日；②促请美国修改中立法，区别侵略者与被侵略者，对日本实行远距离封锁，进行"隔离"；③争取美国财政援华。这三条成为此后三年多国民政府对美外交的纲领。

抗战开始以后国民政府曾多次要求美国提供贷款，但直到1938年年中仍无结果。此后，随着美国政府和舆论界逐渐倾向援华抗日，事情出现转机。7月，摩根索建议国民政府派以陈光甫为首的代表团赴美洽商进出口信用贷款。经过一个多月谈判，双方已基本达成一致。正在这时，广州、武汉相继失守，消息传到美国，美国政府对中国是否有决心坚持抗战又产生怀疑。31日，蒋介石发表《为武汉撤退告全国同胞书》，重申抗战决心。但借款却因赫尔的反对而暂时搁置。11月初，日本近卫内阁发表声明，提出了建设"东亚新秩序"的口号，表明日本决心把美、英等西方国家的利益从东亚扫地出门。声明遭到美、英等国强烈反对，也推动了借款的达成。11月30日，罗斯福批准借款。这次借款是这样操作的：中国在国内设立复兴商业公司收购桐油，在美国设立世界贸易公司向美国进出口银行借款并代售桐油。1939年2月，《桐油借款合同》

达成，美国借款给中国 2500 万美元，年息 4 厘，中国以桐油偿债，1944 年 1 月 1 日前还清，故称桐油借款。

这笔借款数额不大，其政治意义远大于经济意义。正当以汪精卫为首的亲日派公开投敌叛变，中国抗日阵营受到一次剧烈震荡时，借款的达成鼓舞了中国军民的士气。这次借款还确定了一种以实物作抵押的易货借款的模式。同时，它在国际上也引起连锁反应。英国于 12 月 20 日宣布对华贷款 50 万英镑，帮助中国购买英国卡车，随后又决定贷款 500 万英镑，作为稳定中国法币的平准基金。

法西斯主义在欧亚两洲的猖獗使罗斯福感到有必要修改中立法。罗斯福在 1939 年 1 月致国会的咨文中指出："我们的中立法执行起来可能不是不偏不倚、公平合理的——它可能在实际上援助了侵略者，而拒绝帮助被侵略者。"国会对总统的呼吁的反应是复杂的，相当多的议员无动于衷。为了影响舆论和国会，国民政府在美国组织了一个"美国不参与日本侵略委员会"，聘请前国务卿史汀生为名誉会长。委员会与美国 40 多个和平团体中的 30 个建立了联系，并组织各州的会员和群众向政府和国会请愿。但由于国会中孤立主义势力仍然十分强大，上半年修改中立法的努力归于枉然。

这年 4 月，天津一个汉奸在该市英租界遇刺，两周后，租界警方逮捕 4 名华人嫌疑犯。日方要求引渡，遭到拒绝。日军封锁英、法租界，形势顿时紧张。日本外相与英国驻日公使经过数月谈判，于 7 月 24 日达成《有田—克莱琪协定》，英国"完全承认"日本有权在租界采取镇压中国人民抗日的任何行动。这个协定无疑助长了日本的侵略气焰。为了抵消协定的恶劣影响，美国于26日通知日本，废止1911年2月签订的日美商约，这样日美商约将于6个月后失效。这一行动使日本感到意外和震惊。日本竭力想知道，废约之后将会发生什么事情，赫尔小心地不给他们任何暗示，而让日本人去挖空心思东猜西想。美国的步骤受到国民政府的欢迎，蒋介石赞扬这是美国"伟大而杰出的举动"，"来得十分及时"，使中国"摆脱了异常紧急的危险的局势"。

9月，德国法西斯对波兰发动突然袭击，欧战爆发，美国举国震惊，国会终于通过了"现购自运"的方案，即取消约束性的武器禁运，所有贸易都可按现金购买、自理运输的原则进行，总统有权斟酌决定美国公民和船只不驶入或撤出他认为正在进行战争的区域。这一修改对英、法有利，对中国没有好处。对中日战争，美国的办法是一步一步扩大对日本道义禁运的范围：9月要求有关企业停止出口11种指定的原料，12月初，禁运范围扩大到包括制造飞机用的主要金属铝、镁和钼，以及生产航空器材的一切方法、设备和技术资料。

到1939年10月中旬，桐油借款的款项即将用完，国民政府要求美国再给中国"打一剂救命的针"。9月下旬陈光甫开始与美国财政部谈判新的借款。由于进出口银行款项告罄，借款直拖到1940年3月，7日，进出口银行宣布了借款的消息，4月20日达成合同。

新借款的方式与桐油借款完全一样：美方在 1941 年 6
月 30 日前向中方提供 2000 万美元贷款，中方在 7 年内
售锡 4 万吨以清偿贷款，故名华锡借款。借款宣布之
时，正是日本扶植的汪精卫伪政权即将出笼（3 月 30
日）之际。美国政府对汪伪政权的态度是明确的。赫
尔在 3 月 30 日当天发表声明谴责说：在南京建立一个
新政权，是一国凭借武力将其意志强加于邻国。华锡
借款的达成实际上也带有美国支持中国抗战、反对日
本扶植傀儡政权的信息。

1940 年 1 月美日商约废止后，日美贸易仍维持了
一段时间。7 月 2 日，罗斯福颁布了第一道禁运令。该
命令把三类物资列入颁发出口许可证的范围：①一切
武器弹药、军事装备；②"非常时期战略物资"，包括
铝和镁在内的原料；③飞机零件、装备、附件、光学
仪器和金属加工机械。但命令没有包括日本最需要的
石油和废钢铁。

1940 年年中，欧战形势迅速发展，德军仅用 6 个
星期就打败了号称"欧洲最大的陆军强国"的法国。6
月 17 日，法国投降。18 日，日本决定切断中国对外交
通要道之一的滇越铁路，20 日，法国接受日本要求。
日本接着向英国施加压力，要求封锁滇缅路，切断香
港与大陆之间交通。英国政府要求美国对日本实行全
面禁运或派舰只去新加坡增加对日本的压力，与英国
一起抵制日本要求，但遭美国拒绝。赫尔答复说，美
国要保持完全的行动自由，它总是采取平行行动，而
不是联合行动来进行合作的。英国求助无效，乃屈服

于日本的压力，于 7 月 17 日宣布关闭滇缅路三个月。

当时中国的东部海岸已全部为日军所控制，中国接受外援和对外贸易的最主要通道是通过中国西北到苏联中亚的运输线，滇缅路也是重要的国际通道。英国的举动无疑是对中国抗战的一个打击。为了抵消这种消极影响，7 月 25 日，罗斯福宣布对航空燃料、润滑油和部分废钢铁实行许可制度。9 月 23 日，日军大举入侵印度支那，25 日，美国实行对日本禁运废钢铁，同时宣布了给中国新的贷款的消息。10 月 22 日，钨砂借款合同签字。与前两次借款不同的是，中国政府在合同中直接出面了。合同规定，进出口银行在 1940 年 12 月底前借给中国中央银行 2500 万美元，年息 4 厘，5 年内以运售钨砂偿还，借款本息之支付由中国政府担保。

这样，在 1939 年、1940 年两年中，中国从美国得到了三笔借款，共 7000 万美元。根据合同规定，这些借款都不得用于购买军火和军用证品，但中国还是用这些款项，购买了 279 架飞机，价格 2200 万美元（至 1940 年 10 月），并购买了少量枪支弹药和其他军用器材。抗战期间美国的财政援助（及以后的军事援助）具有双重的性质：它从物质上壮大了中国的抗战力量，从道义上鼓舞了中国的民心士气，对支撑国民政府抗战无疑起了一定作用；但它也使国民党顽固派在实行防共、限共、反共方面更有恃无恐，在客观上增加了抗日民族统一战线的不安定、不团结因素。这虽不是援助者的本意，却是历史的事实。

3　走向结盟抗日

1940 年 9 月 27 日，日、德、意三国缔结同盟条约，承诺互相"承认并尊重"在欧洲和东亚"建立新秩序的领导权"，保证缔约国中之一受到尚未参战的某国攻击时，以一切政治、经济和军事手段互相援助。这样，东西方三个法西斯侵略国家为谋求世界霸权建立了军事同盟。翌日，罗斯福召集国务卿和军方首脑会商。与会者一致同意，对世界和平的主要威胁来自法西斯德国，美国的全球战略是"大西洋第一，欧洲第一"；美国的东亚政策应是既不允许日本的进一步扩张，又尽量避免与之发生正面冲突。

三国盟约的订立却使国际形势朝着有利于中国抗日的方向发展。胡适在 10 月 12 日致蒋介石、孔祥熙的一份长电中指出，三年来他"苦撑待变"，希望太平洋海战与日本海军之毁灭，近一个月来事态使人有水到渠成、瓜熟蒂落之感，世界大势已极分明。国民政府不失时机开展外交攻势。10 月 18 日，蒋介石约见美国大使詹森，要求美国 3 个月内提供 500 架飞机，派志愿人员来华，并向中国提供巨额贷款。11 月上旬，他又拟定了中、美、英三国合作的大致方案。但美国对国民政府的提议和要求并不热心，拒绝与中国结盟。除了别的原因，当时罗斯福正在第三次竞选总统，而他所作的保证是："这个国家不会参战。"

这时，日本侵华的形势又有新的变化：汪伪政权于 1940 年 3 月成立后，日本为了对重庆方面实施又打又拉的策略，没有立即承认伪政权。而 1940 年中，重庆国民政府与日本暗中接触仍在进行；三国盟约订立后，日本外相松冈洋右又公开对重庆国民政府进行拉拢。蒋介石认为，美、英为了维护其在亚太地区的利益是需要中国牵制日本，而不能让中国与日本单独媾和的。于是国民政府便把当时的情况告诉了美国，甚至批评美国的援助"口惠而实不至"，要求美国提供更多援助，尤其是飞机。

关于日本诱降重庆方面的消息也从美国驻日大使格鲁和其他渠道传到华盛顿。罗斯福警觉起来，决定采取紧急措施。11 月 30 日，罗斯福赶在日汪签订《基本关系条约》、发表《中日满共同宣言》的当天，发表了财政援华声明。美国宣布对华贷款 1 亿美元，其中 5000 万商业贷款，5000 万平准基金贷款。同时美国把 6 艘潜水艇和一些飞机派往菲律宾，以增加那里的防卫力量。12 月间，罗斯福批准扩大对日禁运，新增加的禁运物品包括矿石、生铁、钢和多种工具；1941 年初，铜、锌、镍、钾碱等也列入禁运范围。此后几乎每星期都有一些新项目增添到禁运单上。

1941 年 2 月 4 日，中美金属借款合同签订，美国进出口银行向中国中央银行贷款 5000 万美元，其中一半给现款，用途不限，另一半在美采购工农业产品，中国以钨、锑、锡等矿产偿还。合同此后几经修正，这项贷款几乎成了赠款。

从 1940 年 11 月开始，美国政府在酝酿制定一项以后在大战中发挥了巨大作用的法令，即《租借法》。
12 月 17 日，罗斯福在一次记者招待会上形象地说明：
假如邻人的家宅着了火，而我有一截水管子，我不会
先对他说我的水管是 15 美元买来的，你得照价付钱才
能用。我不要那 15 美元，在把火扑灭后，我把水管子
拿回来就行了。在 29 日的炉边谈话中，罗斯福又说：
美国必须成为民主制度的伟大兵工厂。1941 年 3 月，
《租借法》经国会通过正式成立。

　　早在 1 月美国会辩论《租借法》时，宋子文就觉
察到这可能给美国援华带来新的促进，便竭力敦促罗
斯福派特使前往中国访问。正在这时，发生了皖南事
变。罗斯福遂派他的行政助理居里来华访问。

　　居里于 2 月 7 日至 27 日访问重庆。居里带来了罗
斯福的口信："予自万里外观察中国之共产党员，似与
我等所称之社会党员，无甚差别。彼等对于农民、妇
女及日本之态度，足值吾人之赞许。故中国共党与国
民政府相类者多，相异者少，深盼能排除异见，为抗
日战争之共同目标而加紧其团结。"居里还表示，国共
两党纠纷将直接影响美国对华援助（当时正在谈判平
准基金贷款）。蒋介石被迫表示："中国绝无发生内战
或内部分裂之危险。"

　　居里在重庆期间，蒋介石与之作了多次谈话，累
计时间达 27 小时之多，更不要说政府军政、外交、经
济、财政各部门要员与居里及其随员的轮番谈话了。
居里是经济学家出身，他尤其详细地了解了中国的财
政情况。蒋介石则一再表示，无论是战时还是战后，

无论是在政治、经济还是军事方面，他都将遵奉美国的领导。居里回国后，在给罗斯福的报告中写道，既然中国实际上还是独裁政治，蒋介石本人就在我们的对外政策中占有首要的必不可少的地位。这一想法后来成了战争期间美国对华政策的基本点。

居里访华后，国民政府即向美国提出援助方案。4月13日，日苏签订中立条约，中国抗战受到不利影响。罗斯福认为，美国为自己利益计应当尽快重振中国士气，对华租借援助遂提上日程。26日，詹森通知国民政府，美总统已批准向中国提供首批价值4510万美元的租借物资。延宕日久的《平准基金协定》也在25日签字。5月7日，美国派了以马格鲁德少将为首的军事代表团来华，考察与租借援助有关的问题。18日，价值110万美元的租借物资从纽约启运。

4月，罗斯福还签署一项命令，同意美国军人辞职加入陈纳德的美国志愿航空队（俗称飞虎队）。陈纳德原是美国空军飞行人员，1937年退休后来华，受聘担任中国空军顾问，帮助训练中国飞行员。1938年武汉保卫战期间，他组织了一支由法、荷、美、德及中国飞行员组成的国际航空队，对日军进行了几次有效的空袭。1940年，陈纳德拟订了一项对日本进行战略轰炸的初步计划，得到蒋介石的赞赏。罗斯福的命令为航空队的建立开了绿灯，7月，罗斯福又批准为一支有500架飞机的航空队提供装备和人员。6月9日，第一批志愿人员启程赴华；到9月，共招募了101名飞行员和一批机械师。8月1日美国志愿航空队正式成立，成为中国空军部队的一个单位。这支航空队对于保卫中国西南的空防，对于为后来在缅甸作战的中国军队和其他盟国军队提供空中支援，对于夺取中国领空的制空权发挥了重要作用。

美国决策者一直认为，美国首先会卷入对德国的战争。他们也感到，美国还没有做好同时在大西洋和太平洋作战的准备。为了尽可能推迟对日战争的爆发，美国从1941年4月中旬开始与日本进行秘密谈判。但美日双方都是谈管谈、做管做。7月24日本出兵占领了印支南部，取得了进攻菲律宾和荷属东印度群岛的前哨阵地。两天后，美国宣布冻结日本在美全部资产（约1.31亿美元），从而实际上断绝了对日贸易。

1941年12月7日（当地时间），星期日，上午7时55分，经过长期准备的日本联合舰队偷袭了美国海军基地珍珠港和美、英、荷在太平洋的属地，太平洋战争爆发。国民政府盼望已久的那一天终于到来了。

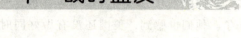

十 战时盟友

特殊关系的形成

太平洋战争的爆发使中美关系发生了大的变化，中国和美国成为反对法西斯的盟国。但是，长期处于半殖民地地位的中国并没有、也不可能一夜之间就完全改变它与美国的关系。两国除了抗击法西斯的共同利益，又还有各自的利益，这就使战时的中美关系既有合作，又有矛盾，大体说来，政治上合作比较顺利，军事上矛盾和冲突不断。

国民政府早就确定了以美国为主的外交方针，美国政府从战时和战后的需要出发，也特别重视中美关系。中国是反法西斯战争东方战线的主要盟国。在战后，美国指望在亚洲建立美国主导下的和平，美国认为中国是可以帮助美国达到这一目的的盟国，是亚洲的一个主要稳定因素。罗斯福毫不怀疑，在美国可能就亚太问题与苏、英发生政治纠葛时，中国将支持美国，中国还将对付可能东山再起的日本，并帮助美国对那些同宗主国分离的殖民地和托管地建立起国际托管制度。罗斯福认为，战后美国对远东的外交要以与中国的密切合作为基础。因此美国不顾英国、苏联的反对，努力提高中国的国际地位，拔高蒋介石作为大国领袖的形象。

1942 年 1 月 1 日，主要由于美国的坚持，中国与美、英、苏一起领衔签署了《联合国家宣言》。26 个签字国"保证运用其军事与经济之全部资源"对抗法西斯，并且"不与敌国缔结单独之停战协定或和约"。宣言的发表标志着国际反法西斯统一战线的正式形成。

太平洋战争爆发前，国民政府在谋求美、英财政援助方面取得了一定成功。1941 年 12 月底，国民政府分别向美、英提出贷款 5 亿美元和 1 亿英镑的要求。美国政府从支持中国的战争努力、支持蒋介石的领导地位的角度出发，同意中国要求，对贷款不附加任何条件，1942 年 3 月贷款顺利达成。这样，蒋介石如愿以偿，得到了一笔无担保、无利息、无年限、无指定用途的贷款。自从中国与列强打交道以来，这样的贷款是没有先例的。

1942 年 11 月到 1943 年 6 月，宋美龄对美国进行了 7 个多月访问。宋美龄虽是以私人身份访美，但实际上是蒋介石的特使，是去美国对政府和民间从事外交工作的。她受到美国政府的热烈欢迎，要求美国政府提供更多的援助，尤其是飞机的零配件。她还利用自己的有利条件，诸如没有语言障碍，了解西方文化和美国人的心理，在美国有广泛的个人联系等等，从东到西，在各种官方和民间场合发表多次演讲，介绍中国抗战的艰难历程，表达抗战到底的决心，呼吁加强战时中美合作，这对增进美国人民对中国的了解、美国加强援华都起了一定作用。但宋美龄访美所引起的轰动效应也进一步抬高了蒋介石的地位，对于美国政府把蒋介石作为中国的唯一领袖、中国的化身这样一种政策的形成起了一定作用。

九一八事变前，中美之间曾就废除领事裁判权进行了谈判。太平洋战争爆发后，反映旧时代国家关系的领事裁判权与中美之间的盟国关系更是格格不入的。美国政府在权衡利弊，并与英国进行磋商后，决定与中国谈判废除旧有不平等条约的问题。

由于战争正在进行，双方同意签订简要条约，而在战后再签订综合性的现代通商条约确定未来中美关系。

10 月 24 日，赫尔向魏道明提出约稿，它只有简单的八条，主要内容是：①废止在华领事裁判权；②废止《辛丑条约》规定的一切特权；③上海、厦门公共租界归还中国；④美国政府及侨民在华业已取得的不动产权不变；⑤两国人民享有在对方国家旅行、居住及经商的权利，两国给予对方国人民关于法律手续、司法审判、各种租税及经营商业之待遇，不低于本国人民之待遇。中方的主要意见是两条：①上述第五条中关于经营商业一条应改为"不得低于第三国人民之待遇"，亦即由国民待遇改成最惠国待遇；②条约中没有提到的沿海贸易和内河航行权亦应一并废止。关于第一点，美国同意删除"经营商业"字样，留待日后

商约规定。关于第二点，几经磋商，最后改作："如任
何一方以内河航行或沿海贸易权给予第三国船舶时，
则应给予彼方船舶以同样之权利。"这样，到 11 月下
旬，中美新约的谈判实际已经就绪。但中英之间的谈
判却不顺利，尤其是九龙租借地（新界）问题几乎使
谈判到了破裂边缘。最后，中美、中英新约分别于
1943 年 1 月 11 日在华盛顿、重庆签字，美、英两国正
式废除了在华领事裁判权、通商口岸特别法庭权、英
籍海关总税务司权、使馆区及一些铁路沿线驻兵权、
沿海贸易与内河航行权、外人引水权等项特权，废除
了 1901 年 9 月订立的《辛丑和约》，宣布将上海、厦
门的公共租界和天津、广州英租界及北平使馆区的各
种权益归还中国。此后四年间，国民政府经过一系列
谈判，与比利时、巴西、挪威、瑞典、荷兰、法国、
瑞士、丹麦、葡萄牙等国签订了类似条约。一个世纪
以来作为中国对外关系基础的不平等条约体系终于崩
溃。

中美、中英新约的签订，从法理上结束了美、英
百年来在中国享有的领事裁判权和其他特权，这是中
国人民长期反帝爱国斗争的结果，尤其是六年半艰苦
卓绝的抗日战争的结果，是中国国际地位提高的一个
标志。废约大大鼓舞了中国军民的抗日士气，重庆、
延安及其他许多地方都举行了盛大的庆祝活动。

中美之间还有一个长期影响两国关系的特殊问题，
这就是美国的《排华法》。1904 年美国国会议决《排
华法》无限期有效。这样一种"特殊丑恶形式的种族

歧视"在美国已越来越不得人心,在先前排华情绪最强烈的西海岸,要求取消《排华法》的情绪也逐渐占了压倒优势。1943 年 10 月 11 日罗斯福致函国会,敦促尽快废除《排华法》。没有经过太多争议,参众两院先后通过了废除《排华法》的议案。罗斯福于 12 月 17 日签署成为法律。至此,延续 60 年的《排华法》终于成为历史的陈迹。

到 1943 年,战争形势发生根本变化,关于战后世界的安排问题开始提上盟国议事日程。10 月 18 日至 30 日,美、英、苏三国外长会议在莫斯科举行,并达成《关于普遍安全的宣言》。主要由于美国的坚持,中国代表驻苏大使傅秉常得以与三国外长一起签名于该宣言。四国宣告将遵奉《联合国家宣言》,继续对轴心国作战,直至轴心国无条件投降;四国还一致赞成战后成立一个维护和平和安全的国际组织,从而奠定了未来联合国的初步基础。

从 1943 年年中起,罗斯福提出了举行盟国首脑会议的动议。由于苏联并未处于对日战争状态,因而不愿参加讨论对日作战的会议,英国又反对中国插手欧洲问题,最后决定美、英、中三国首脑先在开罗讨论远东问题,美、英、苏三国首脑再在德黑兰会商欧洲及其他问题。

开罗会议的正式议程主要是讨论对日作战的军事问题。但罗斯福与蒋介石在会议期间举行了两次长谈,讨论了广泛的政治问题,大致可以概括成以下几点:①罗斯福表示,他自太平洋战争以来即认为中国应作为四大国之一参加此后的国际组织，蒋介石欣然接受。②关于战后日本天皇的地位，罗斯福就是否废除天皇制征求蒋的意见，蒋表示应由日本国民自己选择。③关于对日本的军事管制，罗斯福以为应以中国为主，蒋认为应由美国主持，中国或可协助。④蒋介石提议战后日本以实物如机器、战舰、商船、火车头等运华，作为赔偿一部分，罗斯福表示同意。⑤双方同意，为维持太平洋的安定和平，防止外来侵略，战后两国应作出适当安排，实行互助，美国宜在太平洋上维持适当军事力量，蒋介石并希望美国给予必要援助装备中国陆海空军，他欢迎美舰驶入中国港口。⑥双方一致同意，东北四省、台湾、澎湖列岛归还中国；罗斯福提到香港，并建议先由中国收回，然后即宣布与九龙合成全世界的自由港，蒋介石在与美国谈判新约时已碰过钉子，他请罗斯福先与英国当局商讨。⑦罗斯福询问了中苏关系的状况以及唐努乌梁海的历史与现状，蒋介石希望战后与苏联合作，表示可向苏联作某些让步，但要求苏联只能支持国民党，不能支持共产党。⑧罗斯福建议当着战争还在进行时国共两党就应建立联合政府，蒋表示同意邀请中共参加国民政府，如果美国可以保证，苏联答应尊重中国东北的边界。此外，他们还讨论了朝鲜、印度支那和泰国的前途问题。

开罗会议是中美关系发展的新起点。两国首脑的会谈表明，两国要把它们战时形成的战略关系固定下来，继续下去。对美国来说，这将成为它战后在亚洲建立势力范围的基础，对国民政府来说，这将成为它维持自己统治地位的一个保障。

12月1日，《开罗宣言》正式发表。宣言宣告：日本窃取于中国的领土，如东北、台湾、澎湖群岛等战后均应归还中国，中国人民收复失地的神圣使命由此得到了庄严的国际保障。

1944年9、10月间，中国代表团参加了筹建联合国的敦巴顿橡树园会议；1945年4月，中国又与美、英、苏三国一起发起了旧金山联合国制宪会议，中国成为联合国的创始会员国和安全理事会的常任理事国，这对中国的国际地位和在国际事务中发挥其应有作用具有至关重要的意义。

 坎坷的军事合作

1941年12月22日至1942年1月14日，美、英两国首脑和参谋长们在华盛顿举行会议，讨论反法西斯战争的总战略及盟国应当采取的措施。会议确定，纳粹德国是主要敌人，欧洲是主要战场，对日作战初期的战略是防御性的。会议决定成立美英联合参谋长会议，在这个机构之下又成立了一系列组织，其中之一是美英两国代表组成的军火分配委员会。它根据联合参谋长会议的指示，决定美、英两国生产的战争物资的分配。会议还决定成立中国战区（包括泰国、印支）。12月29日，罗斯福向蒋介石正式提出建议，并请蒋介石担任战区统帅。蒋于1942年1月2日复电表示欣然同意。

1942年3月，美国派史迪威将军来华，担任蒋介石的参谋长及美国驻华军事代表。史迪威来华后，即入缅指挥参加缅甸保卫战的中国军队。中国远征军激于民族义愤，同仇敌忾，士气旺盛，有不少可歌可泣的事迹。但由于日军兵员数目和装备均占优势，盟军缺少空中掩护，后勤供应困难，英军士气消沉，失败主义情绪严重，盟军指挥机构内部矛盾重重，各部队配合协调不力，缅甸当地人敌视英军等诸多原因，盟军战败。史迪威率部分中国军队败走印度。5月上旬，日军分别进到我国云南省境内怒江西岸和缅印北部边界。

缅甸保卫战进行过程中，史迪威与蒋介石就互不满意，战役失败后，两人又互相指责。中美之间一度关系紧张。7、8月间，罗斯福再次派居里访华。居里的访问及美国政府增加驼峰空运、尽量保持中国战区所需500架飞机的承诺抚慰了蒋介石，消除了两国关系中的紧张气氛。

缅甸保卫战失败后，中国对外的陆、海路交通完全被切断，对中国的供给线只剩下了从印度英帕尔飞经喜马拉雅山抵云南的"驼峰"空运。这条飞越世界屋脊的航线是世界上最危险的运输线，起初运量很小，对于广大的中国战区真是杯水车薪。史迪威认为，要维持中国战区必须恢复经由仰光向中国提供补给的渠道，这就必须收复缅甸。他拟定了中国军队从云南向西进攻，英国军队从印度向东进攻，英国两栖作战部队控制孟加拉湾，并从仰光登陆向北反攻，美国提供空中掩护的计划，并得到美国参谋长联席会议认可。美国军方希望在即将到来的旱季（1942 年 10 月至 1943 年 5 月）收复缅甸。

英国方面对此持有异议。他们设想的缅甸反攻战是纯粹由英国人进行的战争。但 1943 年美国军方把中国作为对日本进行大规模轰炸的基地和最后进攻日本的基地，他们坚持要尽早发动缅甸战役，在 1 月中下旬的卡萨布兰卡会议、5 月的华盛顿会议上都与英方进行了激烈的争论。

在 11 月的开罗会议上，史迪威代表中国战区提出方案，其中包括：要求美国装备和训练 90 个师；在 1944 年雨季前收复缅甸，打开中缅陆路交通；建立和维持必要机场，于 1944 年轰炸日本；1944 年 11 月至 1945 年 5 月间夺回香港、广州；轰炸台湾，切断台湾与南海交通；1945 年 5 月至 11 月进攻台湾，11 月进攻上海，等等。美国军方认为，蒋介石主动提出了积极运用中国人力资源打击日本的计划，对此应加以鼓励，因此，虽然丘吉尔和英国参谋长们固执反对缅甸战役的计划，罗斯福仍然向蒋介石保证，于 1944 年 3 月发动缅甸战役。

在第一次开罗会议后紧接着举行的德黑兰会议上，美、英承诺于 1944 年 5 月发动横渡英吉利海峡、解放法国的战役。就在这次会议上，斯大林还亲口保证，苏联将在结束对德战争后三个月参加对日作战。会后，美、英首脑和参谋长们回到开罗。丘吉尔提出，孟加拉湾的两栖作战应推迟到 1944 年秋季进行。罗斯福和美国参谋长们同英方进行了四天的辩论，最后还是向丘吉尔作了让步。蒋介石对罗斯福的反悔非常失望。他认为缅甸反攻必须南北夹攻，如无孟加拉湾两栖作战配合，他宁可把缅甸战役推迟到 1944 年 11 月。

但是缅北反攻战实际已于 10 月下旬开始。在印度经过训练、装备精良的新二十二师、新三十师、新三十八师的士气和装备水平都大大提高。但是驻印军毕竟兵力有限，日军的抵抗又极顽强。统率驻印军的史迪威深知，如果没有中国军队从滇西发动反攻，进而入缅作战，对日军实行东西两面夹攻，缅北反攻战的胜利是难以想象的。他致函马歇尔，要求总统劝诫蒋介石派部队入缅作战。从 1943 年 12 月到 1944 年 4 月，罗斯福五次致电蒋介石，催促他派兵渡过怒江，发起滇西反攻战，甚至威胁要把驻滇部队该得的租借物资转拨他处，中美之间关系再度紧张。国民政府被迫答应，中美之间的又一次危机总算过去了。

1943 年秋，主要由于美国在太平洋取得了制空权和制海权，因而将对日作战由逐岛争夺改为越岛作战（或称跳岛作战），即避开日军坚固设防的岛屿，大胆向日军后方防守薄弱的岛屿发起进攻。这种避实击虚的战术使美军掌握了战争主动权，大大加速了太平洋上的反攻。美军认为不再需要从中国向日本发起反攻。尽管如此，中国战场仍然牵制着大量日军，因此当日本于 1944 年 4 月发动河南作战，5 月开始湖南作战，中国正面战场出现 1938 年以来未曾有过的大溃退时，美国政府要求蒋介石同意让史迪威指挥全部在华盟国军队（包括中共军队），以挽救军事危局。蒋介石起先实行拖延，继则坚持拒绝。中美之间关系再度出现紧张，最后罗斯福为了支持蒋介石的领导地位而被迫让步，于10月召回史迪威，并派魏德迈接任蒋介石的参谋长和驻华美军司令之职，但不再负责缅甸作战。以后，整个战场形势逐渐好转，魏德迈的职责又比史迪威简单得多，他所做的主要是帮助国民政府训练装备军队，并对一些军事机关进行技术上的改造。魏德迈认定他的使命是支持中国中央政府，他与蒋介石之间也就不会出现大的摩擦。

3　美军观察组在延安

中共为了打破国民党的封锁，赢得外部世界更好的了解，在1936年至1938年间曾邀请斯诺等一批美国记者、作家、学者访问陕甘宁边区和华北抗日根据地。1939年后，国民党对陕甘宁边区不但实行军事包围和经济封锁，而且实行政治和新闻的隔离和封锁。国民党还诬蔑共产党"破坏抗战，危害国家"，诬蔑八路军、新四军"违反政令、军令"，诬蔑游击队"游而不击"，等等。中共驻重庆代表周恩来等积极开展工作，向美、英等国外交和军事人员介绍延安及中共抗战情况，唤起他们对国民党顽固派反共倾向的注意。周恩来成了英国大使薛穆个人的朋友，薛穆与王炳南、章文晋等也保持着友好关系。美国使馆官员范宣德、戴维斯、谢伟思、庄莱德、柯乐博、武官包瑞德、助理武官德帕斯都是中共驻重庆办事处的座上客。1943
年2月，美国国务院政治顾问亨贝克主要就国共关系
问题与宋子文进行一次长谈，重申美国政府的态度与
两年前一样，希望中国避免内战。美国驻重庆大使馆
官员也向国民政府作了类似表示，如代办艾切森在9
月与国民党中央执委会秘书长吴铁城的谈话中，就对
国民政府法西斯倾向的增强及民主政治的削弱表示不
满，并认为在陕北的政府军和被围困的八路军都应调
到抗日前线去。史迪威还为此提出了具体方案。美国
方面的这些关注和表态对于维护抗日民族统一战线无
疑起了一定作用。

中共还争取美国派代表团访问延安和敌后解放区。
周恩来在1942年5月下旬对随同美国军事代表团来华
的斯诺的谈话中，8月给再次来访的居里的信中，11
月下旬与范宣德、谢伟思的谈话中，1943年3月与戴
维斯的谈话中一再表示，欢迎美国政府派一批军官作
为观察员到陕北和华北敌后根据地去搜集情报，并常
驻那里工作。周恩来的邀请在美国外交官中引起回响。
1944年2月至4月，罗斯福三次致电蒋介石，提出派
美军观察组去陕西、山西等地的要求。6月美国副总统
华莱士访华，又一再提出这一问题，蒋介石无奈，勉
强同意。

1944年7月22日、8月7日美军观察组成员两批
各9人抵达延安。观察组组长包瑞德上校是美军情报
官员，在中国任职已20年，通晓中文。成员中有步
兵、信号兵、航空兵、军医、技师等。美国大使馆二

秘谢伟思和卢登也作为观察组成员来延安。

中共对美军观察组给予高度重视，毛泽东亲自为中共中央机关报撰写社论，称赞这些美国人同自己是同一战壕里的战友，希望他们的到来能使美军统帅部对中共获得真实的了解，并据以决定正确的政策。中共中央专门发出《关于外交工作的指示》，认为美军观察组来延安"是我们在国际间统一战线的开展，是我们外交工作的开始"。中共军政领导人彭德怀、叶剑英、聂荣臻、陈毅、贺龙、林彪、罗瑞卿、朱瑞、杨秀峰、甘泗淇等还专门为观察组作了长篇报告，向他们介绍八路军、新四军及根据地的各方面情况。中共方面还采取种种措施，以便于观察组更多了解根据地情况及搜集日军情报。晋东南、山东和苏中还建造了三个简易机场，以加强延安与各根据地的联系，改善情报工作。观察组除了解延安地区的情况外，还分批到华北各抗日根据地进行实地考察。观察组对中共的安排十分满意，包瑞德在报告中说，中共当局毫不犹豫地向我们提供任何方便，给予了观察组最热心的合作。仅在头两个月，观察组就发送了112份报告，其中多数属军事情报，也有政治性报告。

争取美国给予军事援助是中共接待观察组的直接目的，但中共没有明确提出这个要求，而是通过各种情况介绍及实地考察，让观察组认识到，中共领导的武装力量是真心抗日的，是有战斗力的，中共愿意与美军进行合作。改善中共武装是有利于战争进行的。在此基础上，由观察组自己提出向八路军、新四军提供武器的建议。包瑞德在其报告中指出，中共军队从1941年以来没有得到任何供应，完全靠自制和从日军缴获的武器武装自己，却抗击了大部侵华日军，如能"给予一些简单的武器援助"，就能大大提高其战斗力，给日军造成大的杀伤；如能给予充分的供应，那就可以严重破坏日军交通线，收复许多重要地区，击溃大批伪军并迫使其投诚，从而加速最后胜利的到来。他一再建议，中缅印战场司令部立即决定向中共军队提供援助。

中共对观察组做工作还有更重要、更长远的目的。中共对国民政府领导集团与美国政府在太平洋战争期间建立起来的特殊关系看得一清二楚。这既是一个可以利用，又是一个令人担忧的因素。美国如果施加影响，要求战后中国朝着和平、民主的方向发展，这种影响便对中共有利；相反，由于美国离不开国民政府，因此如果国民政府决心打内战，决心削弱乃至消灭中共，美国仍予以支持，那么形势对于中共又将变得十分不利。中共领导人抓住这一难得的机会，对观察组成员循循善诱，促膝谈心，甚至一谈就是6个小时。中共领导人指出国民党政权是反人民的，它用刺刀和秘密警察对付人民，维护自己的统治，美国不应该片面支持这个政权；如果听任目前的国民党领导自行其是，由他们挑起的内战是不可避免的，共产党人反对内战；现在国民党处在对美国俯首帖耳的地位，如果美国真正想使中国成为一个民主的国家，它就应当牵制国民党发动内战的企图；一旦内战打起来了，它也不应当向国民党提供新式武器；中共欢迎美国的民主，欢迎美国参与战后中国的重建，需要与美国合作，需要得到美国的援助。

中共的这些谈话给观察组留下了深刻的印象。他们从国统区来到解放区，耳目为之一新，真是见所未见，闻所未闻。他们把国共两党进行对比，确信中共是生气勃勃的力量，中共领袖坚定自信，廉洁奉公，有着伟大的作为领导者的能力与品质，高于当代中国任何别的群体，一些大胆的有远见的观察家如谢伟思、戴维斯甚至断言："中国正处在蒋介石向共产党交权的边缘"，"中国的命运不是蒋的，而是共产党人的"。

观察组的大量报告在美国驻华外交和军事人员中广泛流传，也给华盛顿的官方留下一定印象。但美军驻延安观察组毕竟只是美国对华政策中的一个插曲。随着战争临近结束，美国对华政策正酝酿着重要转变。

十一　转折关头

 赫尔利调处

　　抗日战争时期的美国对华政策，可以概括为扶蒋容共抗日。这个政策承认，以蒋介石为首的国民政府是代表全中国的唯一合法政府，但它应实行民主改革，克服和避免法西斯倾向；中国各派政治力量应当消除分歧，团结抗日；中国共产党是中国的一支抗日力量，它有理由存在并得到一定程度的发展。但这个政策的基本点是扶蒋。罗斯福对蒋介石虽有许多不满，但他仍然认为，中国没有比蒋介石更好的领导人，蒋不仅是战时中国，也是战后中国的唯一领袖，他把蒋当做中国的代表与化身。

　　及至战争末期，国共两党的矛盾和战后中国的走向越来越成为美国决策者考虑的主要问题，美国对华政策面临着从战时到战后的转变。而这种转变的最高决策者是罗斯福，在中国的具体执行者是赫尔利和魏德迈。

　　美国副总统华莱士于 1944 年 6 月访华时，再次向蒋介石提出要与苏联及中共搞好关系的问题。他说，罗斯福总统认为，共产党人和国民党人终究都是中国人，他们基本上是朋友，"朋友之间总有商量的余地"；罗斯福总统还主动表示愿意在国共之间进行斡旋。蒋介石要求罗斯福总统派一私人代表来华。罗斯福遂于9月派来了赫尔利。

赫尔利来华时，罗斯福曾指示他运用总统个人代表的威望，帮助蒋介石解决中国政治问题，例如中央政府与中共的关系问题。但罗斯福没有给他规定明确的方针、政策和具体的实施步骤，实际上是授予便宜行事的大权。

10月17、18、24日，赫尔利三次与中共驻重庆代表林伯渠、董必武会晤，表示，他代表罗斯福来帮助中国团结，决不对党派有所偏私；中国现政府不民主，中共应得到合法地位；蒋介石允许他与中共接触，必要时可去延安。中共代表欢迎他访问延安。11月7日，赫尔利带着国民党提出的方案飞赴延安。

同赫尔利的谈判是中共第一次重要的涉外谈判，中共自然十分重视。11月6日，中共六届七中全会主席团会议专门讨论了这个问题。会议确定对谈判采取积极态度，谈判的基本问题是要改组政府。

11月8日至10日，中共领导人毛泽东、周恩来与赫尔利进行了四次会谈。毛泽东在会谈中首先强调，必须改组现在的国民政府，建立包括一切抗日党派和无党派人士的联合国民政府，改变现政府不适合于团结全国人民打日本的政策，代之以适合于团结全国人民打日本的政策，这是解决问题的起码点。关于改组军队的问题，毛泽东把生气勃勃英勇善战的中共军队与丧失战斗力、腐败不堪的国民党军队作了对比，指出"中国人民的公意是：哪个军队腐败，就应该改组哪个"。接着毛泽东对赫尔利草案的五条逐条表示意见。赫尔利提议请毛泽东拟一条关于改组政府的条文。毛泽东指出："将现在的国民政府改组为各抗日党派及无党派人士参加的联合国民政府；并宣布和实行关于改革军事、政治、经济、文化各方面的民主政策。同时改组统帅部，成为联合统帅部，由各抗日军队代表参加。"赫尔利并不理解这一条的真正含义及其利害关系，竟当即表示赞成。10日上午，毛泽东在中共提出的《五条协定草案》上签了字，赫尔利也以证人身份签了字。赫尔利并承诺"将尽一切力量使蒋接受"，毛泽东则表示，如蒋接受，他愿意与蒋在重庆见面。签字当天，赫尔利就满心欢喜地飞回重庆去了。周恩来与赫尔利同机去重庆。

国民党反对《五条协定草案》，认为如果同意成立联合政府就等于承认国民党被共产党彻底打败了。11月19日，国民党提出三条反建议，阉割了"五条"中的核心联合政府问题，实际上是国民党招安共产党的方案，它理所当然遭到中共拒绝。

在当时谈判的形势下，中共有两种选择：一个是不直接提联合政府，设法寻找一个折中方案，作为成立联合政府的准备步骤；一个是坚持"五条"，不怕谈判陷于僵局。毛泽东请来延安参加"七大"的陈毅提出看法。陈毅在 12 月 1 日给毛泽东的长信中透彻分析了当时形势，指出，蒋介石政权已病入膏肓，且不愿自救，美国也救不了它，中共不能为其做"殉葬"的事。他认为，蒋介石不签署"五条"反而对中共战略利益有利，目前应付赫尔利和蒋介石的办法是，"五条"所包含的内容作为整案，不拆开提出；蒋介石既然不同意成立联合政府，中共也不入阁，继续在敌后争取一两年时间大发展，以"取得全局的中心地位"。毛泽东赞赏陈毅意见，即于当天指示周恩来，坚持"五条"，俟"七大"开后再议复案，周恩来、董必武同时回延安。12 月 7 日，周恩来返回延安。至此，赫尔利（他已于 11 月接替高思成为驻华大使）调处第一阶段结束。

1944 年 11 月到 1945 年 1 月间，国民党除对政府人事作出一些变动，还和赫尔利一起策划了一系列"民主"姿态：扩大国民参政会，并拟在行政院下设立一"行政委员会"，由六至八人组成，国、共及其他党派各占 1/3，以此拉拢民主人士，离间中共与民主人士关系；放出民主与团结空气，表示拟颁布允许结社自由的法令，拟允许现有各党派合法化，准备施行登记手续，并表示要与中共在宣传上停止互相攻击。蒋介石还故意对许多人说，国共谈判可以搞好。所有这些情况，使重庆许多人感到惶惑。为了揭破国民党当局假民主的骗局，推动国统区的民主运动，中共决定与国民党恢复谈判。1 月 24 日，周恩来再赴重庆。

周恩来一到，宋子文就迫不及待地向他兜售所谓

"行政委员会"的设想。周恩来声明：党治与民主的界限不容模糊，"不取消一党政治，任何形式的组织，我们均不参加"，中共的办法是由党派会议，国是会议，联合政府直到国民大会。翌日，赫尔利、宋子文又向周恩来提出一方案，即成立国、共、美三人委员会负责整编中共军队的具体事宜，由一名美国军官统一指挥中共军队，承认中共为合法政党。周恩来驳斥说，这是"不公和无理之事"，"问题还没解决，你们就要参加和指挥中共的军队，这岂非不公之至"；单独组织整编委员会用以整编共产党的军队，这也不公平。毛泽东赞许周恩来的立场，并指出，赫尔利的补充办法"是将中国军队尤其将我党军队隶属于外国，变为殖民地军队的恶毒政策，我们绝对不能同意"。他还指出：我们不赞成在国土未完全恢复前召集任何国民大会，因为旧的国大代表是贿选的，过时的，重新选举则在大半个中国内不可能。周恩来根据毛泽东指示，起草了一份关于党派会议的协定草案，并于2月2日向国民党方面提出。

其时，赫尔利、魏德迈即将回国述职。周恩来也要回延安参加中共重要会议。13日，周恩来由赫尔利陪同见蒋介石。蒋毫不掩饰他反对联合政府的态度，竟然傲慢地说："联合政府是推翻政府，党派会议是分赃会议。"周恩来当场予以驳斥。蒋介石实际上已经拒绝谈判，周恩来于2月16日返回延安。3月1日，蒋介石公开宣布，将于11月召开国民党一手包办的国民大会，并再次提出改编中共军队和由美国军官指挥中共军队的要求。7 日，周恩来在给王世杰的信中声明，既然蒋介石一意孤行，"国内团结问题之商谈再无转圜余地"。至此，赫尔利的调处以失败告终。

 ## 扶蒋反共政策的形成

赫尔利调处第一阶段结束后，中共对赫尔利已经失望。因此，中共领导人希望能绕过赫尔利直接与美国政府联络。1945 年 1 月 9 日，美国观察组代理组长克罗姆利少校给重庆魏德迈司令部发去一份电报，转达了中共领导人的意向：

> 延安政府希望派一个非官方的（重复：非官方的）团体去美国，向美国感兴趣的民众及官员解释中国当前的形势和问题。以下是他们绝对秘密的建议：如果罗斯福总统表示愿意在白宫把他们作为中国一个主要政党的领导人加以接待，那么毛和周即愿一同或单独一人立即前往华盛顿举行探讨性的会谈。

克罗姆利的电报中还说，中共领导人要求此事不要走漏风声，因为不知道罗斯福是否邀请。如果得到邀请，周恩来要求美国为拟议中的访问提供飞机。电报于 10 日到重庆。10 日上午 10 时半，周恩来紧急约见克罗姆利，特别指出，此事只限于魏德迈，应由魏德迈一人处理。他特别强调："绝对不能让赫尔利将军得知此事，因为我不相信他的判断力。"克罗姆利当即将此电告重庆魏德迈司令部。不幸的是，由于当时魏德迈不在重庆，而魏德迈与赫尔利早有约定，两人要互通信息，因此两份电报都落到了赫尔利手中。赫尔利勃然大怒。他正为调处国共关系遭到挫折而怏怏不乐，这回可找到了发泄的对象。14 日，他在给总统的电报中列举了那些"反对中国统一的因素"，指责在华美军人员中有人破坏他的调处努力。他叙述了中共领导人访问华盛顿的建议，并称，如果共产党人得以与美国军方进行合作，那么美国试图拯救中国国民政府的努力便会付诸东流。

华盛顿对这一电报作出了强烈反应。15 日、23 日马歇尔连连致电魏德迈，要求对美国驻华军事人员中是否有人企图越过委员长使用中共军队的问题进行调查。魏德迈急忙从萨尔温江前线赶回重庆进行调查。1月17 日，他召集部下训话说，他得到总统的指示，"驻华美军的首要使命是支持中国现政府。这意味着委员长说了算，与中国任何军事和政治力量的任何秘密的及其他的合作行动，除非得到委员长的特别批准，均不得进行。除非事先征得委员长的同意，对中国任何领袖人物的任何集团均不得供给物资。不管委员长的决定是否明智，这一规定不变"。2月15 日，他还在记者招待会上将之公之于众。

魏德迈在 1 月 27 日给马歇尔的报告中对他的手下卷入这样微妙的事情、给赫尔利增加了困难表示歉意。经过这一番折腾，美军与中共实行军事合作的种种设想自然统统告吹，包瑞德还被免去了观察组组长的职务。这还不算，他本来已被提名晋升准将，由于赫尔利的坚持反对，这一提名也被取消了。

赫尔利片面地无条件地支持蒋介石的做法，无论在美国驻华外交官还是国务院远东司官员中都引起不满，但他在使馆搞"一言堂"、家长制，使馆中持不同意见的外交官很难向国务院反映意见。赫尔利回国述职后，代办艾切森和其他外交官感到，这是他们向国务院进谏的难得机会。1945 年 2 月 28 日，大使馆政治官员集体讨论，主要由谢伟思起草、由艾切森签署的一份报告发往了国务院。报告指出，国共两党从最近的事态发展中都得出结论：美国是"明确地仅仅"支持蒋介石的，蒋因此过高估计自己的力量，并且不愿作出任何妥协，中共则在积极扩展自己的力量和根据地，这种发展趋向既不利于有效地进行战争，也不利于中国将来的和平和团结。"如果这种形势继续下去，如果我们对形势的分析是正确的，中国的混乱将是不可避免的，灾难性内战的爆发将可能加速"。报告建议："总统以明确的语言告诉委员长，军事上的需要要求我们向共产党人及其他能援助对日作战的适当集团提供补给并与之合作，我们将为此采取直接的步骤。……我们相信，这将打破当前中国的僵局并成为完全解决中国最终的联合问题的最初步骤……这将在中国产生深远的有利的政治影响。"报告作者没有想把报告瞒过他们的上司，反之，他们认为赫尔利与魏德迈都在华盛顿述职，这正是讨论此事的好机会。

这一报告在美国务院中国科引起回响。中国科在3月1、2日接连写了两份备忘录，重申他们的主张，即：从短期来说，为了最有效地进行战争，应当继续主张中国所有军事力量的联合，起码是合作；从长远来说，"出于下列两个原因，对蒋介石保持一种灵活的政策显然是符合美国利益的：第一，美国可能希望保持这样一种地位，即在蒋的政府衰败到不起作用时撤销援助；第二，这样美国就可以斟酌情况给予或不给予支持和援助，从而拥有一种可以诱导蒋进行合作、改革其政府的武器"。

3月4日，赫尔利在范宣德的办公室看到了艾切森的电报后火冒三丈，他先是责怪范宣德不该收下这份电报，继而怒骂他的部下。他咆哮说："我知道这份电报是谁起草的，谢伟思，我豁出命来也要宰了这个狗崽子。"接连几天，赫尔利或者亲自去国务院，或在电话上与国务院官员辩论。双方各执己见，互不相让。这场争论最后只好由罗斯福来裁决了。

3月8、24日，罗斯福两次接见赫尔利。罗斯福以他自己的方式表示了对赫尔利的支持。他没有对赫尔利的工作提出批评，只是说，赫尔利的使命不变，把这些东方的头头搜到一起，直到他们看到，他们必须把各自的力量合在一起，否则就会被各个击破。他还让赫尔利看了一个多月前在雅尔塔达成的关于远东的秘密协定，让赫尔利在返回中国任所时取道伦敦、莫斯科，以争取英苏对美国对华政策的支持。

罗斯福的接见、雅尔塔的秘密协定都给赫尔利继续把美国对华政策推向扶蒋反共撑了腰，壮了胆。他等不及返回中国任所，就忙不迭地开始收拾他那些桀骜不驯的下级。虽然范宣德再三劝解，赫尔利还是要求立即调离谢伟思。3月30日，正在延安的谢伟思接到了离开延安返回美国的命令。4月1日，谢伟思与毛泽东、朱德、周恩来告别，4日离开延安，12日回到华盛顿。赫尔利返回重庆任所后，又逼迫艾切森于4月5日离开了中国。

离开华盛顿前，赫尔利举行了一次"祝捷性"的记者招待会。他宣称，美国的政策是承认中国国民政府而不是中国任何的武装军阀或政党。有记者问，他说的武装的政党是指什么，赫尔利明白地说："我指共产党。"他还说："只要（中国）武装的政党和军阀还有足够的力量敢于反抗国民政府，中国就不可能有政治联合"，从而把中国不能实行联合的责任归咎于共产党。他还美化蒋介石说，他"不是一个有法西斯思想的人，他的抱负是要把他所拥有的一切权力交还给一个民有、民治、民享的政府"，"他把在中国建立一个民主的政府作为毕生奋斗的真正目标"，如此等等，不一而足。赫尔利的这番讲话不折不扣是扶蒋反共的宣言书。至此，美国对华政策从战时的扶蒋容共抗日到战后的扶蒋反共的转变基本完成。

自然，日本这个大敌当前，而且不管是美国决策者还是国共两党都没有预料到抗日战争会在四五个月后胜利结束，因此这种扶蒋反共政策还不意味着支持蒋介石武装进攻共产党，而主要是指对中共施加压力，逼迫中共接受蒋介石的条件，放弃独立的武装力量，派几个人到国民党政府里去当没有实权、形同摆设的官。所以罗斯福没有改变要赫尔利在国共之间进行调处的使命。

赫尔利的记者招待会不久，罗斯福于 4 月 12 日去世。杜鲁门继任总统后，国务院远东司官员还一再呈递备忘录，申述他们关于美国对华政策的主张。但他们的呼声一如既往没有引起决策者的重视，美国对华政策只是沿着扶蒋反共的轨道滑行下去。

中共对赫尔利的讲话作出了强烈反应。毛泽东亲自为新华社撰写评论，抨击以赫尔利为代表的美国对华政策，指出，它"助长了国民党政府的反动，增大了中国内战的危机"。

雅尔塔协定　美国与中苏条约

1945 年 2 月的美、英、苏三国首脑雅尔塔会议，是大战期间盟国的一次重要峰会。会上解决了敦巴顿橡树园会议上没有解决的联合国安全理事会的投票方式问题，讨论了关于最后打败纳粹德国的军事协调问题、对德国的处置问题、波兰问题。会上，斯大林重申了他在德黑兰会议上作出的承诺，即在战胜德国后两至三个月后参加对日作战。作为苏联参战的代价，美、苏两国背着中国达成了一项秘密协定，协定的主要内容是：

三国领导人同意，苏联在欧战结束两至三个月后参加对日作战，条件是：

（1）维持外蒙古（蒙古人民共和国）现状。

（2）恢复 1904 年日本进攻所破坏的原属俄国的权利。

①库页岛南部及毗连岛屿归还苏联；

②大连商港国际化，苏联在该港之优越权益须予确保，恢复租借旅顺港为苏联海军基地；

③设立中苏合营公司，共管中东铁路及南满铁路，苏联在该路的优越权益应予保障，而中国保持在满洲的全部主权。

（3）千岛群岛交给苏联。

苏联准备与中国国民政府缔结一项友好同盟条约，帮助中国从日本枷锁下解放出来。

罗斯福之所以同意苏联的要求，除了军事上有求于苏联，政治上他也需要苏联的合作。他基本上是以大国合作主宰世界的设想来勾画战后世界蓝图的。同时他认为在大国之间适当地划分势力范围是保持战后世界稳定的一个因素，苏联早就表示要沿着它的边界，从西到东建立一个势力范围，同意中国东北成为苏联的势力范围在罗斯福看来是不可避免的。

罗斯福之所以敢于背着中国与苏联订立秘密协定，并且表示将采取步骤使蒋介石同意苏联的条件，是因为他早已了解蒋介石的意图。蒋介石担心苏联对东北和新疆的企图，担心苏联支持中共。尽管 1944 年 6 月斯大林在同美驻苏大使哈里曼的谈话中、9 月莫洛托夫在同赫尔利的谈话中都表示不支持中国共产党，并称蒋介石是中国最佳领导人选；蒋也从华莱士和赫尔利那里获悉了这一表态，他仍然"急于证实"，苏联领导人的这一立场没有改变，为此，他不惜作出若干让步。正是雅尔塔会议之前，赫尔利于2月4日报告国务院，中国政府考虑派外交部长宋子文作为蒋的私人代表前往莫斯科商谈。

6月中旬，赫尔利奉命将雅尔塔秘密协定正式通知中国政府。30日，行政院长兼外交部长宋子文一行抵达莫斯科，中苏条约谈判开始。谈判分两段进行：第一阶段，6月30日至7月12日，会谈6次；第二阶段，8月7日至14日，会谈4次，苏方代表是外交人民委员莫洛托夫等，有时斯大林还亲自参加谈判。美国虽没有介入谈判，但一直关注谈判的进展。宋子文每天都向哈里曼通报情况，哈里曼又及时向总统和国务卿汇报。总的说来，在第一阶段美国基本上采取旁观态度。

在第一阶段谈判中，国民政府同意了苏联关于外蒙独立的要求，条件是：苏联尊重中国东三省的主权及领土与行政完整，承诺不支持中共，同意恢复中国对新疆各地的主权。接着，关于铁路与港口的问题被提上日程。斯大林要求：铁路归苏联所有，两国共管，苏联经营；大连划入旅顺租借地（但不用租借名义）军事区域之内，由中苏共管。中方持有异议。由于斯大林、莫洛托夫要去波茨坦参加会议，谈判告一段落。

国民政府力图把美国拉入中苏谈判之中。7月19日，蒋介石致电杜鲁门，希望他在波茨坦劝说斯大林不要坚持不现实的要求。哈里曼也认为斯大林的要求过分了。他于7月18、28、31日三次给国务卿贝尔纳斯撰写备忘录，指出中方已经履行了雅尔塔协定的要求，苏方的条件超过了协定要求，而中方在孤立无援的情况下是无法抵制苏联苛求的。别的国务院官员以及陆军部长史汀生也表达了类似的意见。他们提出，不能因为苏联控制了铁路而使美国在东北的贸易受到障碍。但杜鲁门23日给予蒋介石的答复却是含混的，他说：我曾要求你履行雅尔塔协定，但不要求你作出超过协定的让步，如果中苏双方对协定的解释存在分歧，则应继续努力取得完全的谅解。这似乎也可以解释为：美国支持国民政府抵制苏联的过分要求。

在第二阶段，美国在一定程度上介入了中苏谈判。贝尔纳斯于8月5、9、11日三次指示哈里曼说，宋子文已经履行了协定的规定，斯大林不应再迫使他作更多的让步；大连不能包括在旅顺的军事区域之内成为苏联海军基地；苏联在与中国订约的同时，应作出在东北遵守门户开放政策的书面保证，该保证书应与中苏条约同时公布。哈里曼于8、14日会见斯大林和莫洛托夫，并于12日致函莫洛托夫进行交涉。在美国的干预下，苏方也不得不再作些妥协。

8月14日，《中苏友好同盟条约》和4项附加协定（以下总称中苏条约）签订。国民政府方面作出主要承诺是：承认外蒙古独立，战后外蒙古举行公民投票，以证实这种愿望；中东铁路、南满铁路改名为中国长春铁路，为中苏两国共同平均所有，由两国合办公司共同经营；旅顺作为海军基地，仅供两国使用；大连战时划入旅顺军事区，平时为自由港，行政权属中国，港口主任由苏方担任，中国允将港口工事及设备之一半无偿租与苏方。苏联方面在条约中作出的主要保证是：苏联政府的道义支持和物资援助（尤其是军需品），"完全供给中国中央政府，即国民政府"；苏联尊重中国对东三省之充分主权及领土与行政完整；关于新疆事变，苏联不干涉中国内政。中苏条约有效期为30年。

十二 战后初期

 美国支持国民党垄断受降权

　　日本投降之后，驻在中国的上百万日军和数十万伪军由谁受降，日伪侵占的地方由谁接收，这是关系到中国命运和前途的大事。早在 7 月底，蒋介石就与魏德迈商量，要求调大批美军在中国沿海登陆，夺取并占领港口和航空设施，直到国民党军队到达。

　　与此同时，魏德迈企图监视和限制中国共产党。7 月 30 日他致函毛泽东说，为了避免国共军队的冲突，可向密切接触的国共双方部队各个师派 7 名美军人员（其中 2 名军官），随带电台等通讯设备，这些部队指挥官每天都向美方代表提出报告，并使美方代表有机会观察驻防部队的地点、调动和部署情况，美军观察组将把这些情况及时向他报告。果真这样，中共一举一动魏德迈都能了如指掌。中共对这一要求理所当然予以拒绝。

　　8 月 15 日，杜鲁门发出受降日本的第一号总命令，其中说，中国境内（东北除外，包括台湾）一切日本陆、海、空军都必须向蒋介石投降。命令只字不提中共武装的受降权。中共自然不能接受这种命令。同日，朱德总司令向美、英、苏三国驻华大使送出给三国政府的说帖一件，声明：中国解放区，中国沦陷区一切抗日的人民武装力量，在延安总部指挥下，有权根据《波茨坦公告》条款及同盟国规定之受降办法，接受日伪军的投降；蒋介石不能代表中国解放区、沦陷区广大人民和人民武装力量。魏德迈向参谋长联席会议转达了朱德的说帖。8月24日，参谋长联席会议把国务院拟的答复电达魏德迈。这个答复称，盟国关于受降日本的安排是经美、英、苏三国批准的，这个安排规定，"蒋介石委员长作为中国战区的盟军统帅，将根据《波茨坦公告》的条件接受在华日军的投降"。这样，美国政府无视中国的现实，拒绝了中共的要求。

蒋介石和魏德迈要求派5师美军来华，但参谋长联席会议却派不出这么多部队。9、10月间，由美国海军陆战队司令骆基中将率领的两个海军陆战队师来华，并在天津建立了司令部，所属各部分别在塘沽、秦皇岛、青岛登陆。

根据参谋长联席会议的指示，魏德迈把第十四航空队、第十航空队的全部运输机和空运司令部所属的大部分运输机都统一组织起来，进行这次历史上最大规模的空运行动。国民党军新六军由芷江空运到南京；九十四军由柳州、靖远运到上海；再由上海到北平；七十四军由九江运到南京和上海；九十三军由武汉运到北平。据中国战区美国空军司令斯特拉特迈耶将军9

月 25 日宣称，在日本投降后的一个多月中，美国已用飞机运送了国民政府军队 14 万人。

飞机运送果然迅速，但毕竟数量有限。更多的国民党军队是由美国西太平洋舰队舰只运送的。据美国方面的材料，从 1945 年 10 月中旬到 1946 年 5 月中旬，运送的国民政府军队情况如表 1。

表 1　美国运送国民政府军队情况

部队番号	人　数	起讫地点	起讫时间
第七十军	16725	福州—基隆	1945. 10. 14 ~ 10. 24
第十三军	29000	九龙—秦皇岛	10. 24 ~ 11. 1
第三十二军	26908	海防—秦皇岛	10. 30 ~ 11. 13
第八军	23745	九龙—青岛	11. 8 ~ 11. 16
第六十二军	20166	海防—大沽	11. 15 ~ 12. 6
	5700	海防—葫芦岛	12. 8 ~ 12. 22
第六军	34352	上海—秦皇岛	1946. 1. 7 ~ 4. 16
第一军	35141	九龙—秦皇岛	2. 11 ~ 4. 5
第七十一军	27347	上海—秦皇岛	3. 7 ~ 4. 4
第六十军	16449	海防—葫芦岛	4. 1 ~ 5. 1
第九十三军	16443	九龙—葫芦岛	4. 28 ~ 5. 13

以上 11 项共海运国民党军队 25 万余人，加上空运部队，当在 40 万人左右。

为了防止中共军队受降，美国和国民政府采取的第三种办法是以日伪军"作为卫戍部队"，抵抗八路军新四军受降。8 月 23 日，何应钦向侵华日军总司令冈村宁次发布命令称，"中国境内之非法武装组织，擅自向日军追求收缴武器，在蒋委员长或何总司令指定之国军接收前，应负责作有效之防卫"，公然要求日军对抗中共武装的受降。正因为如此，解除日军武装和遣返日军的工作进展十分缓慢。据美国军方 11 月 18 日的统计，在日本投降后三个月中，从太平洋各地遣返的日本人共 40 万多人，其中军人 17.6 万，而从中国遣返的只有 6881 人，其中军人仅 397 人。而当时在中国（不包括东北）还有百万日本军人。当时有 1 万日军协助美国海军陆战队和国民党军队守卫着塘沽至秦皇岛铁路沿线的战略要地，青岛至济南的铁路也由日军守卫着。

解决伪军的办法更简单。除了伪满和伪蒙军在日本投降时被苏军缴械或逃散外，其余伪军基本上均被国民党收编，他们摇身一变就成了"整编国军"，出现在进攻中国共产党军队的内战前线。目睹了华北受降日军状况的美国著名记者白修德辛辣地写道："美国海军陆战队、国民党、以前的伪军以及日军形成了一个非常罕见、极端奇怪的联盟，共同守卫这些铁路，以防共产党游击队的进攻。"

马歇尔调处

美国扶蒋反共政策在抗战末期即已确定，并通过支持国民党垄断受降权在战后积极加以贯彻。但鉴于国际形势和中美两国的状况，美国决策者仍试图避免国共之间的大规模武装冲突，避免美国直接卷入这种冲突。1945 年 11 月 26 日赫尔利辞职后，杜鲁门立即决定派刚刚辞去陆军参谋长、二次大战中功勋卓著的马歇尔来中国调处国共冲突。

马歇尔来华之前,陆军部、国务院、白宫曾经一再商讨调处的指导方针。最后的决定是:不管谈判结果如何,国民党在谈判中的表现如何,美国都要支持蒋介石。这是马歇尔调处的底牌。

12月15日,杜鲁门就马歇尔使华发表对华政策声明,宣称:国共双方应该实行停火,并尽快召开全国性的代表会议,解决纷争,实现联合;国民政府是中国唯一合法政府,但它是"一党政府",应当扩大政府基础,实行民主改革;随着政府的改组,中共军队应整编入中国的国民政府军;美国将继续支持国民政府受降和遣返日军,但这种支持将不扩展为影响中国内争的军事干涉,等等。也就是说,美国政府设计的是这样一种方案:国民党让出一部分权力给共产党,并进行一些民主改革,以换取共产党交出军队,取消独立的政府,从而达到不战而制服共产党的目的。

马歇尔于1945年12月22日抵重庆,1947年1月7日离华。这一年多的调处大约可分三段:从开始至1946年2月底;3月至6月;7月至结束。

在第一阶段,调处取得了一系列成果。1月10日,三人小组(张群、周恩来、马歇尔)达成《关于停止国内冲突的命令和声明》,张群、周恩来还签署了《建立军事调处执行部的协议》。协议规定由国、共、美三方各派一人,在北平设立军调部,三方代表分别为叶剑英、郑介民、饶伯森。在达成停战令同日,政协会议开幕,1月31日,会议闭幕,通过了政府组织、国民大会、和平建国纲领、军事问题、宪法草案等项书面协议。2月25日,三人小组(国民党代表换成张治中)达成《军队整编及统编中共部队为国军之基本方案》,方案规定:12个月内全国陆军编为108个师,其中国民党90个师,中共18个师;在此后6个月内,前者缩编为50个师,后者缩编为10个师。整军方案签订后,马歇尔和国共双方代表到华北、华东、华中各地巡视检查停战令执行情况,历时7天,行程1.8万公里。据张治中回忆,当时"全国各地除华北外算是大体完全停止冲突了"。

中共对马歇尔的调处努力给予高度评价,毛泽东称赞说:"马歇尔特使促成中国停止内战,推进团结、和平与民主,其功殊不可没。"蒋介石却屡屡在日记中发泄对马歇尔的不满。在3月的国民党六届二中全会上,他就公开号召破坏政协决议,说是应"就其荦荦大端,妥筹补救",结果全会通过了一系列违反政协的决议案,使中国刚刚明朗的天空重又布满了阴霾。

第二阶段,情况逆转,东北大打,第一阶段的成果遭到破坏。东北问题在第一阶段一直悬而未决。到1946年1月,在东北中共已有军队20余万,连同工作人员达30万人。蒋介石却硬不承认中共在东北的地位,不承认东北有国共冲突,坚持东北只有接收主权和剿匪问题。经过一再谈判,三人小组(马歇尔3月11日回国述职,其时由吉伦中将代替)于3月27日达成《调处东北冲突的协议》。蒋介石勉强同意了派执行小组去东北,但他自始即毫无执行诚意。4月,国民党方面以 5 个军 11 个师的兵力，南向本溪一带、北向四平一带发动猛攻，占领了海城、鞍山、昌图、法库等地。4 月 18 日，顽强的四平保卫战开始，同日中共军队乘势就近向长春的被国民党收编的伪军发起进攻，并占领长春。

马歇尔 4 月 18 日回到中国任所时，东北激战方酣。在中共和马歇尔一再要求下，蒋介石被迫于 6 月 6 日发布东北停战令，宣布休战 15 天，中共方面也作了同样声明。在 15 天休战期间，国共代表几经商谈，已经或正在就恢复交通、结束东北冲突等问题达成协议。蒋介石却又节外生枝，要求中共军队撤出热河，察哈尔，山东的烟台、威海卫、苏北和东北的哈尔滨、牡丹江、安东（今丹东）、通化等许多地区。连马歇尔也觉得这些条件太苛刻了。东北休战期又延长到了 6 月 30 日，但由于蒋介石无理坚持其要求，谈判毫无结果。

第三阶段，全面内战爆发，谈判已名存实亡。6 月 26 日，国民党军队大举进攻鄂东、豫南地区的中原人民解放军，29 日，该部主力向西北突围，越过平汉线。7 月 12 日，国民党 50 万大军在安徽来安至江苏南通长达数百里的战线上向苏皖解放区大举进攻，全面内战爆发。作好内战部署后，蒋介石于 7 月 14 日上了庐山。

半年多来事态的发展使中共对马歇尔调处的希望变成了失望，使它认定美国政府的扶蒋反共政策是不会改变的。8、9 月间毛泽东分别接见美国记者斯特朗与斯蒂尔，强烈谴责美国援蒋内战的政策，对马歇尔调处第一次进行公开的严厉批评。中共没有完全与美蒋破裂，只是"为了彻底暴露美蒋反动面目，教育群众"而已。

从 7 月 18 日到 9 月中旬，马歇尔风尘仆仆，八上庐山，反复向蒋介石说明：国民党军事首脑们认为可以打垮中共的想法是极其错误的；坚持这样做，一场长期而残酷的战争将不可避免；内战的结果，"可能导致共产党控制全中国"。但蒋介石却按他的既定方针，一方面继续全面进攻中共军队，一方面逼迫中共按他分配的名额指派国府代表和国民大会代表，以便按他的方案"改组"政府、召开伪国大，通过宪法，表示他已"还政于民"，借此欺骗中外舆论。

10 月 11 日，国民党军队占领了中共在华北的政治、军事中心张家口。11 月 12 日，蒋介石悍然宣布召开伪国大。19 日，周恩来率中共代表团部分成员飞返延安。

1947 年 1 月 7 日，马歇尔离华回国，结束了他一年多毫无结果的调处。

综观调处的全过程，可以看出，美国政府仍没有从自相矛盾的对华政策中找到出路。在马歇尔使华期间，这种矛盾概括起来就是：美国政府一方面企图通过谈判谋求中国问题的解决，另一方面又给争执的一方国民党政府以种种援助。这样，马歇尔也就具有了双重地位：他既是国共谈判的调处人，又是美国政府支持国民党政府的代表。

在马歇尔调处期间，美国给予国民党政府的援助主要有以下几项：

（1）美国海军陆战队留驻华北。到 1946 年 2 月，驻华北美军仍有 4.5 万人。1946 年 5 月 1 日中国战区正式撤销。于是驻华海军陆战队又移交归美第七舰队司令指挥。美军替国民党政府守卫矿山、桥梁、弹药库、交通线路乃至列车。到 1946 年底，驻华海军陆战队仍有 1 万多人。

（2）大量运送国民党部队去东北、华北。为了在苏军撤出时接收东北的主权，美国政府向国民党政府承诺运送 5 个军去东北，但到了 3 月底，东北已经有了 7 个军。4 月马歇尔再度来华后，不顾中共代表的反对，于 5 月将六十军和九十三军运往东北。为了让国民党政府有足够的部队去华北接防，在 6 月东北暂时休战期间，马歇尔又把国民党军队运到青岛和秦皇岛地区。连马歇尔自己也不否认，这是"为 1 月 10 日协定所禁止的对华北部队的全面增援"。

（3）一再延长租借援助。1945 年 8 月 21 日，杜鲁门宣布停止向盟国运送租借物资。但对国民党政府的援助却一再延长。到 1946 年 6 月 30 日，美国战后对国民党当局的援助已达到 7.81 亿美元（其中 3 亿多用于空运和海运国民党军队），大战期间的租借援助总和也不过 8.45 亿美元。在租借援助名义下，战后美国为国民党当局装备了 20 多个师的陆军，8⅓ 大队的空军，并为国民党军队训练空军、海军人员。

（4）建立军事顾问团。二战结束后，蒋介石一再要求美国派遣军事顾问团。1946 年 2 月 25 日，杜鲁门正式批准了这一要求，以帮助国民党政府"发展现代化的武装力量"。美军顾问团负责指导、训练、管理国民党军队。

（5）转让所谓剩余物资。1946 年 8 月，美国与国民党当局签订了《剩余战时财产出售协定》，原值 8 亿多美元的西太平洋战时剩余物资，以 1.75 亿美元廉价转让。这些物资中的卡车、交通器材、军队干粮和军用被服被国民党政府直接用于内战，其他物资则在市场上出售，货款被用作军费。

中共对于美国给予国民党的这些援助一再提出抗议，美方却置若罔闻。马歇尔在一年多的调处中起先态度比较公正，后来则越来越袒护国民党而丧失中立的立场，他也就越来越失去了调处人的资格。

美国所给予国民党的这些援助，对于调处的作用完全是消极的、破坏性的。起先，蒋介石摸不透美国的心思，被迫作了一些让步，从而有停战令和几个协议的达成这样一些成果。随着 1946 年春美苏冷战序幕拉开，特别是由于美国继续提供各种援助，蒋介石很快就摸到了美国的底牌：美国是无论如何不会抛弃他的。美国的有力援助增强了蒋介石发动内战的实力，坚定了他发动内战的决心，最后导致了谈判的破裂。

 ## 3 《中美商约》的签订

1946 年下半年，美国与国民党当局订立了《中美友好通商航海条约》和其他一系列条约，这是战后中美关系中的大事。

　　1943 年 1 月中美新约中规定，两国在战争结束后六个月内进行谈判，"签订一现代广泛之友好通商航海设领之条约"。新约签订后，中美双方都开始着手进行准备。1943 年 10 月，26 家在华从事经贸等实业活动的企业成立了美中工商业协进会，不久其成员就发展到近 400 家美国公司，它们代表经济生活的众多门类，诸如银行、进出口商、制造商、工程建筑和承包商、保险公司、海空运公司等等，其中包括不少美国一流的大企业，如花旗银行、大通银行、美孚公司、国际商用机器公司、英美烟公司、波音公司、柯达公司、可口可乐公司、泛美航空公司、《时代》周刊社等等。该会总部设在纽约，在华盛顿设有办事处，以便与美国有关政府部门联系接洽，在新英格兰、中西部和旧金山、西雅图、波特兰等地设有地区委员会，1946 年 3 月又在上海设立了临时总部。这个协会力图影响美国务院的政策，为美国对华贸易及在华投资的更迅速、更有利的发展奠定一个法律基础。他们的意见受到国务院重视。

　　日本战败投降后，美国实业家急于返回中国。美中工商业协进会及其下属公司发起了一个声势浩大的向战后中国市场进军的运动。9 月下旬，协进会派代表团来华，研究中国经济状况。10 月，花旗银行、大通银行、上海电力公司代表纷纷来华。花旗银行宣称，它在 1902 年 5 月为中国实业提供了第一笔贷款，如今也打算"重新开张"，它在上海、天津和香港的支行将继续 40 多年前开始的传统。美孚公司洋洋得意地宣称，它已有半个世纪在中国制造和销售石油产品首屈一指的记录。百事可乐公司自夸：百事可乐是理想的饮料，它有益健康，价格低廉，制作精心，一旦条件许可，百事可乐就会出现在中国。波音公司说，使用它制造的同温层飞机，"从上海到西雅图用不了 20 小时"。总之，美国企业家和美国政府雄心勃勃地要把 19 世纪末美国提出门户开放政策时对中国市场的高度期望变为现实，把潜在的庞大市场变成能为美国实业家带来源源不断的丰厚利润的场所。

　　早在 1945 年 4 月，美国方面就把一个长达 58 页、总计 30 个条款的条约草案交给国民政府，作为谈判的基础。收到草案后，国民政府经济部、财政部、外交部进行了细微的研究，它们的意见集中在美方草案中要求给予对方公民"无条件和无限制"的最惠国待遇和国民待遇问题上。因为美国是联邦制国家，各州常有各自保护本州利益的特殊规定，对他州银行及保险公司限制甚严，与本州注册者待遇不同，外国公民在美国得到的国民待遇只限于联邦司法规定的范围，在各州享受到的实际上只是他州待遇。这对中方极为不利。它们认为在条约中不能给予漫无限制之国民待遇，金融机关的国民待遇应予删除。

　　美方草案的另一突出问题是，其中关于美国公司的法律地位的规定与南京政府正在讨论中的新《公司法》不符。新《公司法》拟规定，在本国营业之外国公司，得在华设立分支公司。但美国政府却根据美商的要求，公开干涉中国的立法，认为这一规定妨碍美国人在华之投资与对华贸易之发展，尤以对从事保险、新闻等事业的企业家打击为最大。美方的条约草案提出，一方公司社团无论其在本国"有无常设机构，分事务所或代理商"均应得到他方的法律认可。此外中方还提出了其他十几条具体修正意见。

1946年2月5日，中美商约谈判在重庆开始。双方从重庆谈到南京，到8月底谈定约稿，谈判艰难地进行了7个月。中方把自己拟就的条约草案搁在一边，接受美方草案作为谈判基础。谈判中主要讨论的正是上述中方提出的问题。最后的结果是，关于外国公司法律地位与国民待遇两个问题中方均被迫作出让步，接受美方要求，为此，国民政府在1946年4月公布的《公司法》中取消了有关规定，以便与正在谈判中的《中美商约》相符；关于"无条件和无限制"的最惠国待遇问题，双方最后达成妥协；中方表示在实践中贯彻无条件最惠国待遇，但要求在条约中改变措辞，不用"最惠国待遇"的字样，以免别国效尤。美方同意。

11月4日，《中美友好通商航海条约》在南京签订。条约内容十分广泛，林林总总，计有30条，许多条中又有若干款。但其主要内容可以概括为两项：①缔约双方在下列各方面彼此享有国民待遇：此方国民在彼方"领土全境内"居住、旅行及从事经商、制造、加工、金融、科学、教育、宗教及慈善事业，购置动产，进口商品内地税的征收，商品的销售、分配，在彼方领土内所制造商品的出口关税。②缔约双方在下列各方面彼此享有最惠国待遇（即所谓"不低于任何第三国国民、法人及团体所享受之待遇"）：进口关税、采矿、内河及沿海行船与通商、购置不动产。

其时，国民党一手包办的国民大会即将召开。国民政府仍然担心在会上"中美商约"会受到抨击甚至遭到拒绝，因此，心急火燎地要在会前造成批准条约的既成事实。订约的第二天国民政府行政院、第三天国防最高会议相继匆匆批准了条约，11 月 9 日经立法院表决通过而完成所谓"立法手续"。美国国会出于种种考虑，于 1948 年 6 月才批准条约。

"中美商约"内容广泛，不仅限于通商航海，还涉及政治、文化教育、宗教乃至军事诸多方面。美国的主要目的都达到了，因此美国方面总的说来是相当满意的。艾奇逊称赞它"为美中两国的关系提供了一个全面的法律框架"。而条约却受到中国舆论的广泛批评。各界人士纷纷指出，商约形式互惠，实质单惠，表面平等，其实不平等，这种"平等""是 3 岁小孩和年轻力壮的大力士作角力赛的平等"。有的更尖锐地抨击说：极少数发国难财、胜利财、接收财、内战财的商人"不惜以全国老百姓的权益向美国交换精锐的武器来杀同胞，与美国订立丧权辱国的所谓《中美友好商约》，以压倒我国的民族工业"。他们纷纷要求废除或修改这个条约。

十三　走向对抗

 抢救"沉船"

马歇尔使华的失败，宣告了美国政府既支持蒋介石，又企图避免国共之间大规模武装冲突，避免美国直接卷入这种冲突的政策的破产。美国对华政策何去何从，国务卿马歇尔和美国其他决策者一时不知如何是好。1947 年美国统治集团内部围绕这一问题展开了一场辩论。

大体说来，以国务院官员为一方，以军方及国会内外的亲蒋分子为另一方，在一系列问题上表达了不同意见，但反共是他们一致的大前提。1947 年 3 月美国提出杜鲁门主义，制定了以"遏制共产主义"为名、行寻求世界霸权之实的全球战略，这自然更使那些亲蒋势力气焰嚣张。

与国民党政府有着极密切关系的院外援华集团在马歇尔使华失败之后大大活跃起来。这个集团既是美国侵华政策的产物，又是国民党政府在美国多年苦心经营培植的结果。按其成分来说，大致有这样几种人：

从事对华贸易、投资的工商业者，如纺织品进出口商科尔伯格，在中国经营制铝工业的雷诺兹；曾在中国或东亚任过职的将领，如陈纳德（战后，他在中国开办航空公司，所以实际上也成了美国实业利益的代表人物），驻日占领军司令麦克阿瑟，西太平洋舰队司令白吉尔，第七舰队司令库克；教会势力或传教士的后人，如天主教国际和平协会，美国天主教国外传教会；右翼政客，如前驻苏、法大使蒲立德；新闻界右翼势力，如卢斯、赫斯特、斯克里普斯—霍华德报系等。其中不管哪一类人都与国民党政权有着千丝万缕的联系，他们的切身利益都这样那样地与这个政权的成败利害攸关。他们与国会议员密切接触，兜售其亲蒋反共的观点。马歇尔调处失败后，卢斯控制的《生活》杂志就断言，"美国最终必将全力支持国民党"。他的杂志集中攻击国务院远东司司长范宣德，也直接向马歇尔施加压力。在 10 个月中，《时代》周刊两次在封面上刊登马歇尔像，并挑衅性地问道："马歇尔对于他面临的任务来说够大吗？"

面对着政府内的亲蒋分子，国会内外的援蒋集团和国民党政府四方面的压力，马歇尔接受亲蒋的共和党众议员周以德的建议，决定派魏德迈（时任陆军部计划作战司司长）访华，对中国形势和美国可能采取的步骤再作一次调查。其实，马歇尔对中国形势早已清楚，他也不指望魏德迈会提出解决中国问题的锦囊妙计。派遣这个使团不过是马歇尔在进退两难处境中采取的缓兵之计罢了。

魏德迈使团于 7 月 22 日抵华，8 月 24 日离华，在中国活动了一个多月。国民党政府把魏德迈使华看作美国大规模援蒋的先兆。因此，虽然它对美国未经事先商量就宣布使团的消息感到不快，但仍对使团表示热烈欢迎，有人甚至指望，魏德迈可能取代司徒雷登出任大使，须知赫尔利就是这样取代高思的。于是，他们一方面对魏德迈百般逢迎，硬着头皮听他训话——批评国民党的腐败无能；另一方面提出各种各样的援助要求。魏德迈基于所奉的指令，没有承诺这些要求，但他在 9 月 19 日给杜鲁门的长篇报告中提出了一个全面援蒋的计划，建议立即着手，给国民党政府以长期的、大规模的经济和军事援助，并主张派遣大量美国顾问指导国民党政府的财政部和其他经济部门，强化军事顾问团，把它的活动范围扩大到后勤部队、训练营和战场的军事行动。毫无疑问，魏德迈的使华及其报告加强了政策辩论中的一方——军方及国会内外亲蒋势力的力量。

在一片要求援蒋的喧嚣声中，马歇尔采取了一系列使美国对华政策朝着援蒋方向滑行的步骤。

第一，9 月中旬，他解除了成为亲蒋势力众矢之的的范宣德远东司司长的职务，派他出任驻瑞士公使，而不是去捷克斯洛伐克，如范宣德自己所希望的那样，也不是来中国，如亲蒋势力所担心的。

第二，马歇尔于 10 月 21 日批准让售 8⅓ 大队项下的军用飞机和马里安纳岛上的剩余军火。为了在即将召开的四国外长会议上避免受到苏联指责，他要求对一切援蒋事宜均不得声张。

第三，杜鲁门和马歇尔在 10 月对访美求援的国民党政府外交部长王世杰明确表示，"美国在中国有传统的利益，在美国考虑全世界的经济恢复和复兴时，中国是不会被忽视的"。马歇尔频频召集会议，讨论王世杰提出的要求，研究援蒋的实际措施。

第四，10 月 27 日，美国与国民党政府签订了一项救济援助协定，美国提供 1947 年春国会拨出的 2770 万美元的物资援助。

第五，马歇尔虽然拒绝了参谋长联席会议和魏德迈等关于派军事顾问到国民党作战部队去的建议，因为这样做顾问团得增加几万人，而这在当时是不可能的；但他批准了顾问团到台湾训练中心去训练国民党部队，并对后勤部队实行改组和监管。

1948 年 2 月，杜鲁门向国会提出了经济援蒋方案。经过国会一再辩论，最后决定经援 3.38 亿美元，特别赠款（即军援）1.25 亿美元。《援华法》作为《1948 年援外法》的一部分，于 4 月 2 日由国会通过，4 月 3 日由杜鲁门签字批准。但 6 月，众院拨款委员会又把经援减为 2.75 亿元，使援助总额减为 4 亿美元。

《援华法》是美国政府在进退两难中寻找出路的产物，它表明，美国战后的扶蒋反共政策具体化为这样一种政策：用美国的经济和军事援助，尽可能延长注定灭亡的国民党政府的寿命，纵然不能阻止中国革命的胜利，也要在这条道路上设置尽可能多的障碍。

考虑"脱身"

　　1948 年冬，美国决策者对国民党的失败已经确信无疑。11 月上旬，美国驻华外交人员及军事顾问一致认为，蒋介石政府的迅速崩溃是不可避免的事。马歇尔在 26 日内阁会议上说："中国的国民党政府正在退出历史舞台，无论我们做什么都救不了它了。"在此之前，9 月 8 日，以凯南为首的国务院政策设计室提出了一份名为《重新审查和制定美国对华政策》的文件，其中指出："继续仅仅对蒋介石承担义务……不是一种好的外交。我们需要有改变航向的自由，或者甚至抛锚停泊，直到我们找到正确的航向。"在 1949 年 1 月美国家安全委员会第 41 号文件中提出了对华政策的两种选择：一种是"通过与中国恢复一般的经济关系，增强那些能导致莫斯科与中共政权之间的严重分歧的力量"，导致"出现一个独立的中共政权"；另一种是"动员西方世界的政治和经济力量，通过恫吓和直接威胁，公开与中共政权作斗争"，"使中国彻底孤立于日本和西方世界，以便招致中共政权的被推翻和崩溃"。这就是说，从 1948 年秋冬到 1950 年中，美国对华政策有软硬两手：软的一手是从中国内战脱身，尽可能地把中共与苏联分开；硬的一手是继续敌视中国革命，尽可能地给中共制造困难。这两手有时交替使用，有时同时在起作用。但总起来说，继续敌视中国革命无疑是美国对华政策的主导方面。

为了从中国内战中脱身，"和国民党这艘沉船拉开距离"，美国政府从 1948 年秋冬到 1949 年主要采取了三项措施：召回驻华军事顾问团；拒绝向国民党提供新的援助；编制《美中关系白皮书》。

美国驻华军事顾问在战后的三年多中，帮助国民党军队改组军事指挥机关，建立军校，建立现代化的训练中心，训练军官和作战部队。但是所有这些努力连同美国提供的飞机、舰艇、大炮和其他新式武器，都没有能够挽救国民党的军事颓势。随着内战的进展，美国顾问们对国民党军队越来越不满。到 1948 年 11 月上旬，驻华美军顾问团得出一致看法，在中国现时这种政治、军事和经济状况不断恶化的形势下，除非使用美军在中国作战，不论美国给多少军事援助，都不可能挽救蒋政权。而他们知道，直接派遣美军作战是不可能的。他们认为已经没有措施可以挽回国民党的军事颓势，顾问团继续留在中国已无济于事。11 月 26 日参谋长联席会议指示联合军事顾问团团长巴大维从中国撤出顾问团。撤退工作于 12 月开始，于 1949 年 3 月 1 日完成。

随着国民党在内战中状况的恶化，国民党政府和美国国会内外的亲蒋集团里应外合，掀起了一次又一次要求美国政府提供新的美援的浪潮。但杜鲁门政府予以拒绝。1948 年 10 月，出席联合国大会的国民党政府代表团长蒋廷黻向正在巴黎出席同一会议的马歇尔请求援助，乞求美国提供军火弹药，并希望美国军官实际指挥中国军队作战。蒋廷黻的要求为马歇尔拒绝。

1948 年 12 月 1 日，宋美龄为求援到华盛顿。但她处处碰壁，受尽冷眼，与她 1942 年至 1943 年访美受到热烈欢迎的情景形成强烈反差。

1949 年 2 月 7 日，51 名共和党众议员联名致函杜鲁门，询问政府援华计划，要求总统指派一个委员会调查中国问题并提出报告。24 日，艾奇逊会见了其中的 30 人。当议员们要他预测中国时局的发展时，他说，当森林中有一棵大树倒下，在飞扬的尘埃落定以前，人们无法看清破坏的程度。第二天，艾奇逊的对华政策就被描述为是"等待尘埃落定"。次日，反政府的参议员麦卡伦提出议案，要求向国民党政府提供 15 亿美元援助，并批准美国军官指挥国民党军队作战。这一议案为艾奇逊所拒绝。

为了为美国对华政策进行辩护，回击政府和国会内外亲蒋势力的攻击，为美国的"脱身"政策作舆论准备，国务院于 1949 年春即组织专门班子，编辑有关美中关系的文件，主要是 1945 年以来的文件。杜鲁门把编辑和发表《美中关系白皮书》称作"今后一段时间内所采取的重要行动之一"，一再催促工作加快进行，并要求已经退休的马歇尔通读全部文件。

《美中关系白皮书》的编辑和发表遭到行政机构内的军方、国会中共和党人以及国民党政府的强烈反对，他们认为这是对国民党的落井下石，"将大大消减或者推迟遏制或扭转中国的共产主义潮流的可能性"。但杜鲁门没有理睬这些反对意见。最后，美国政府终于选择在司徒雷登返抵美国的当天（8 月 5 日）予以发表。

美国决策者的初衷在于说，美国的力量是有限度的，美国已经为蒋介石政权做了它所能做的一切，国民党的失败不是它的责任。但《白皮书》恰恰为国会内外的援蒋集团提供了攻击政府的新炮弹。在中国，它的作用恰好是动员中国人民进一步团结在中国共产党周围，支持当时的对苏联"一边倒"的外交政策。这是杜鲁门、艾奇逊始料未及的。

 3   走向对抗

美国在考虑从中国内战"脱身"的同时，并没有改变其敌视中国革命、中国共产党的立场。

美国政府步步为营，力图阻挠全中国的解放。蒋介石"引退"后，美国指望通过李宗仁与中共和谈，阻挠解放军过江，使其利益集中的长江中下游地区保留在国民党手中。渡江战役后，美国又希望西北西南的国民党地方实力派负隅顽抗，并打算给他们以直接援助。由于解放战争进展迅速，美国的设想一次又一次胎死腹中。

青岛是国民党在华北的主要海军基地。美军在青岛训练国民党海军人员，帮助他们掌握战后美国让与的舰艇，并把美国西太平洋海军司令部设在这里。1948年9月下旬，济南解放。美国驻青岛总领事威廉·特纳和领事罗伯特·斯特朗认为，中共可以随时发起进攻，而国民党却无法加以防守，美军应从青岛撤走。但1948年10月7日美国家安全委员会会议却决定，为了保护美国人的生命财产安全，同意西太平洋舰队司令白吉尔的要求，向青岛增兵。10 月 18 日，杜鲁门又明确指出，美军现不从青岛撤出，对华北国民党的援助加速进行。总之，美国不能"伤害国民党人的士气而鼓励共产党进攻这个城市"。就这样，美军在青岛一直留驻到 1949 年 5 月下旬上海解放后才撤出。

中共警惕地注视着美军在青岛沿海港口的留驻与活动，并认为这是美国可能直接出兵进行干涉的征兆。在 1949 年 1 月的中共中央政治局会议上，毛泽东特别指出，要将美国直接出兵占领中国沿海城市进行武装干涉的可能性计算在作战计划内，以免事变万一到来时手足无措。为此，中共在军事上制定了乘美国举棋不定，集中主力，先东南沿海，后西南西北内地，大纵深迂回，抢占沿海地区，封闭主要海口的战略。在具体行动上，中共采取了十分谨慎的做法，军事上不挑衅，尽量避免与美军的冲突。正是由于这个缘故，青岛才迟至 1949 年 6 月初解放，比济南晚了 8 个多月。

美国决策者在台湾问题上花的力气最多。他们认为台湾的战略地位十分重要，美国应"运用适当的外交和经济手段不使共产党统治台湾"。但杜鲁门、艾奇逊对蒋介石政权的腐败无能确已十分不满。因此他们设想了种种办法：其一曰扶植"台独"势力分离台湾，但"台独"势力弱小，成不了气候；其二曰培植取代蒋介石的国民党势力，如陈诚、孙立人、吴国桢等，但这些人不是对蒋忠心耿耿，就是根本斗不过蒋介石；其三曰把台湾问题国际化，策划联合国托管，但美国的盟国不赞成，而且真这样做，美国就要把台湾整个包下来。这些办法都行不通，美国政府只好回过头来支持蒋政权。

美国当政者对中共的敌视与蔑视还突出地表现在承认和贸易问题上。

自 19 世纪中期以来，美国历届政府的对华政策在不同时期各不相同，但美国决策者在对华关系上有一个共同的基本态度：他们不是以平等的态度，而是以居高临下的态度，以救世主的态度对待中国。杜鲁门政府继承了这份"遗产"。它认为中国政权有求于它，把对新政权的承认视作一种恩赐，并认为"承认可以成为使中国新政府接受国际义务的有效杠杆"。艾奇逊在 1949 年 5 月 13 日给司徒雷登的电报中提出了承认的三项条件：①在事实上控制国家的领土和行政机关；②政府既有能力又有愿望承担其国际义务；③得到中国人民普遍认可。稍晚，国务院又将这三条公开加以宣布，这些条件中，第一、三项是随着事态发展自然能够解决的问题，关键是第二项，美国在这里主要指的是新政权要承认国民党政权与外国订立的条约和协定。1943 年 1 月的中美新约废止了美国根据旧有条约取得的许多特权，但战后美国又与国民党政权订立了中美商约等字面平等，实质不平等的条约，由此取得许多新特权。这正是美国政府所关注、所要维护的东西。

但美国的需求与中共的一贯立场是针锋相对的。早在 1947 年 2 月，中共就郑重声明，不承认 1946 年 1

月 10 日以后由国民党政府单独签订的一切对外借款和丧权辱国的条约、协定和谅解。10 月，中共中央再次宣布，否认蒋介石政府的卖国外交。此后中共又一再重申这一立场。中共在一系列政策声明和报刊文章中，对于中美商约和其他美蒋之间在这一时期缔结的条约进行了猛烈抨击。显然，中共要废除的首先就是这些条约。中共与美国的立场没有妥协的余地。

美国不但自己拒绝承认中国新政权，而且倚仗其在西方世界的当然领袖地位，力图拼凑一个不承认新中国的"共同阵线"，孤立新中国，把它排挤出国际政治舞台。1949 年春，一些英联邦国家和北约国家出于各自的利益，开始酝酿对解放区的各级政府给予"事实上的承认"。美国则竭力加以阻挠，对"任何类型的承认"均表反对，认为即使给予新政权以事实上而非法律上的承认，也会"在政治上鼓励共产党人而使国民政府感到沮丧"，并希望有关西方国家在这一方面结成"共同阵线"。此后，美国为了实现这一目的进行了频繁的外交活动。

对于与外国建交的问题，中共有自己的方针，这就是"另起炉灶"，"打扫干净屋子再请客"，即"不承认国民党政府同各国建立的旧的外交关系，而要在新的基础上"，"在平等、互利和互相尊重主权和领土完整的基础上"，"同各国另行建立新的外关交系"，而首先是这些国家不能帮助国民党。如果美国能断绝同国民党的关系，中共也考虑与其建立外交关系。但中共估计这样做的可能性极小，美国政府绝不会很快改变敌视政策，而"以平等的态度对待我们"，因此决定，与美国建交的问题"不但现在不应急于去解决，而且就是在全国胜利以后的一个相当时期内也不必急于去解决"。总之，中共是不会低声下气地以美国的规范来约束自己，恳求美国承认的。

尽管如此，中共并不拒绝与美国外交人员打交道，并且希望能与美国建立某种关系。最突出的事例是黄华与司徒雷登的接触。南京解放后，担任南京军管会外事处长的黄华根据中共中央及南京市委的指示，在5~6月间数次会见司徒雷登及其秘书傅泾波。黄华要求美国政府断绝与国民党政府关系，停止对其援助并撤退驻华美军，在此基础上承认新政府。根据傅泾波提出的要求，中共表示同意司徒雷登访问北平，与中共当局面晤。但美国最高当局否决了这一动议。中共与美国和解的一次重要尝试遭到挫折。

美国政府还力图对新政府实行贸易上的制裁。

中共对于外商来华贸易持欢迎态度。1948年3月，当中共得知英国政府愿意同解放区建立通商关系时，明确表示了欢迎态度，认为这"对双方都有利"。1949年4月底，华北人民政府工商部长姚依林派人向尚在北平的前美国总领事柯乐博建议，扩大华北与美国占领的日本之间的经济关系，并希望中美贸易恢复到战前水平。

美国当政者在对华贸易问题上同样表现出居高临下的傲慢态度。他们认为中共要解决中国的吃饭问题，并进而重建国家，势必寻求外援，离不开与西方的贸易,"正是在对华经济关系领域中,美国具有对付中共政权的最有效的武器"。美国对新政权实行严格的贸易限制,一切直接的军事物资和装备、重要的工业、交通、通讯器材都禁止向中国解放区出口。不仅如此,当6月下旬起国民党海军对北起辽河口、南至闽江口大陆沿海港口进行封锁时,美国政府由默认到纵容,对愿意到上海等处做生意、要求护航的商船予以断然拒绝;当美国船遭到国民党军舰炮击、扣押时,美国政府非但见死不救,反而警告各航运公司不要拿美国人的生命财产去冒险,并威胁要对违反禁令者予以惩罚。

美国在贸易方面施加的压力同样不能使中共就范。中共在长期革命斗争中得到外界援助极少,它所一直奉行的是"独立自主、自力更生"的方针。不能想象,在它即将取得全国革命胜利的时候却会放弃这个方针。固然,中共曾经希望在战后重建国家中得到美国的帮助,但如同在承认问题上一样,它是不会丧失相互平等原则的,更不会去乞求美国的施舍。

总之,1948年冬以后美国与中共关系的发展没有给两者的和解带来什么希望。为了打破美国的孤立和封锁,为了巩固新生的人民政权,并进行社会主义建设,中共提出了向苏联和社会主义阵营"一边倒"的方针,确定了新政权的外交大格局。这是美苏冷战,世界分裂成两大阵营的国际大气候的产物。在这一决策中不能说没有意识形态的考虑,但国家利益的需要无疑是主要因素。

参考书目

1. 丁名楠、张振鹍等著《帝国主义侵华史》第一、二卷，人民出版社，1973，1986。

2. 资中筠著《美国对华政策的缘起和发展（1945~1950)》，重庆出版社，1987。

3. "中美关系史丛书"编委会主编《中美关系史论文集》第一、二辑，重庆出版社，1985，1988；第三辑，南京大学出版社，1991。

4. 汪熙主编《中美关系史论丛》，复旦大学出版社，1985。

5. 蒋相泽、吴机鹏主编《简明中美关系史》，中山大学出版社，1989。

6. 乔明顺著《中美关系第一页》，社会科学文献出版社，1991。

7. 吴孟雪著《从赫尔利到马歇尔——美国调处国共矛盾始末》，福建人民出版社，1992。

8. 项立岭著《中美关系史上的一次曲折——从巴黎和会到华盛顿会议》，复旦大学出版社，1993。

9. 陶文钊著《中美关系史（1911~1950)》，重庆出版社，1993。

《中国史话》总目录

系列名	序号	书名	作者
物质文明系列（10种）	1	农业科技史话	李根蟠
	2	水利史话	郭松义
	3	蚕桑丝绸史话	刘克祥
	4	棉麻纺织史话	刘克祥
	5	火器史话	王育成
	6	造纸史话	张大伟　曹江红
	7	印刷史话	罗仲辉
	8	矿冶史话	唐际根
	9	医学史话	朱建平　黄　健
	10	计量史话	关增建
物化历史系列（28种）	11	长江史话	卫家雄　华林甫
	12	黄河史话	辛德勇
	13	运河史话	付崇兰
	14	长城史话	叶小燕
	15	城市史话	付崇兰
	16	七大古都史话	李遇春　陈良伟
	17	民居建筑史话	白云翔
	18	宫殿建筑史话	杨鸿勋
	19	故宫史话	姜舜源
	20	园林史话	杨鸿勋
	21	圆明园史话	吴伯娅
	22	石窟寺史话	常　青
	23	古塔史话	刘祚臣
	24	寺观史话	陈可畏
	25	陵寝史话	刘庆柱　李毓芳
	26	敦煌史话	杨宝玉
	27	孔庙史话	曲英杰
	28	甲骨文史话	张利军
	29	金文史话	杜　勇　周宝宏

系列名	序号	书　名	作　者	
物化历史系列（28种）	30	石器史话	李宗山	
	31	石刻史话	赵　超	
	32	古玉史话	卢兆荫	
	33	青铜器史话	曹淑芹	殷玮璋
	34	简牍史话	王子今	赵宠亮
	35	陶瓷史话	谢端琚	马文宽
	36	玻璃器史话	安家瑶	
	37	家具史话	李宗山	
	38	文房四宝史话	李雪梅	安久亮
制度、名物与史事沿革系列（20种）	39	中国早期国家史话	王　和	
	40	中华民族史话	陈琳国	陈　群
	41	官制史话	谢保成	
	42	宰相史话	刘晖春	
	43	监察史话	王　正	
	44	科举史话	李尚英	
	45	状元史话	宋元强	
	46	学校史话	樊克政	
	47	书院史话	樊克政	
	48	赋役制度史话	徐东升	
	49	军制史话	刘昭祥	王晓卫
	50	兵器史话	杨　毅	杨　泓
	51	名战史话	黄朴民	
	52	屯田史话	张印栋	
	53	商业史话	吴　慧	
	54	货币史话	刘精诚	李祖德
	55	宫廷政治史话	任士英	
	56	变法史话	王子今	
	57	和亲史话	宋　超	
	58	海疆开发史话	安　京	

系列名	序号	书 名	作 者
交通与交流系列（13种）	59	丝绸之路史话	孟凡人
	60	海上丝路史话	杜 瑜
	61	漕运史话	江太新　苏金玉
	62	驿道史话	王子今
	63	旅行史话	黄石林
	64	航海史话	王 杰　李宝民　王 莉
	65	交通工具史话	郑若葵
	66	中西交流史话	张国刚
	67	满汉文化交流史话	定宜庄
	68	汉藏文化交流史话	刘 忠
	69	蒙藏文化交流史话	丁守璞　杨恩洪
	70	中日文化交流史话	冯佐哲
	71	中国阿拉伯文化交流史话	宋 岘
思想学术系列（21种）	72	文明起源史话	杜金鹏　焦天龙
	73	汉字史话	郭小武
	74	天文学史话	冯 时
	75	地理学史话	杜 瑜
	76	儒家史话	孙开泰
	77	法家史话	孙开泰
	78	兵家史话	王晓卫
	79	玄学史话	张齐明
	80	道教史话	王 卡
	81	佛教史话	魏道儒
	82	中国基督教史话	王美秀
	83	民间信仰史话	侯 杰
	84	训诂学史话	周信炎
	85	帛书史话	陈松长
	86	四书五经史话	黄鸿春

系列名	序号	书 名	作 者	
思想学术系列（21种）	87	史学史话	谢保成	
	88	哲学史话	谷 方	
	89	方志史话	卫家雄	
	90	考古学史话	朱乃诚	
	91	物理学史话	王 冰	
	92	地图史话	朱玲玲	
文学艺术系列（8种）	93	书法史话	朱守道	
	94	绘画史话	李福顺	
	95	诗歌史话	陶文鹏	
	96	散文史话	郑永晓	
	97	音韵史话	张惠英	
	98	戏曲史话	王卫民	
	99	小说史话	周中明	吴家荣
	100	杂技史话	崔乐泉	
社会风俗系列（13种）	101	宗族史话	冯尔康	阎爱民
	102	家庭史话	张国刚	
	103	婚姻史话	张 涛	项永琴
	104	礼俗史话	王贵民	
	105	节俗史话	韩养民	郭兴文
	106	饮食史话	王仁湘	
	107	饮茶史话	王仁湘	杨焕新
	108	饮酒史话	袁立泽	
	109	服饰史话	赵连赏	
	110	体育史话	崔乐泉	
	111	养生史话	罗时铭	
	112	收藏史话	李雪梅	
	113	丧葬史话	张捷夫	

系列名	序号	书 名	作 者	
近代政治史系列 (28种)	114	鸦片战争史话	朱谐汉	
	115	太平天国史话	张远鹏	
	116	洋务运动史话	丁贤俊	
	117	甲午战争史话	寇 伟	
	118	戊戌维新运动史话	刘悦斌	
	119	义和团史话	卞修跃	
	120	辛亥革命史话	张海鹏	邓红洲
	121	五四运动史话	常丕军	
	122	北洋政府史话	潘 荣	魏又行
	123	国民政府史话	郑则民	
	124	十年内战史话	贾 维	
	125	中华苏维埃史话	温 锐	刘 强
	126	西安事变史话	李义彬	
	127	抗日战争史话	荣维木	
	128	陕甘宁边区政府史话	刘东社	刘全娥
	129	解放战争史话	汪朝光	
	130	革命根据地史话	马洪武	王明生
	131	中国人民解放军史话	荣维木	
	132	宪政史话	徐辉琪	傅建成
	133	工人运动史话	唐玉良	高爱娣
	134	农民运动史话	方之光	龚 云
	135	青年运动史话	郭贵儒	
	136	妇女运动史话	刘 红	刘光永
	137	土地改革史话	董志凯	陈廷煊
	138	买办史话	潘君祥	顾柏荣
	139	四大家族史话	江绍贞	
	140	汪伪政权史话	闻少华	
	141	伪满洲国史话	齐福霖	

系列名	序 号	书 名	作 者
近代经济生活系列（17种）	142	人口史话	姜 涛
	143	禁烟史话	王宏斌
	144	海关史话	陈霞飞　蔡渭洲
	145	铁路史话	龚 云
	146	矿业史话	纪 辛
	147	航运史话	张后铨
	148	邮政史话	修晓波
	149	金融史话	陈争平
	150	通货膨胀史话	郑起东
	151	外债史话	陈争平
	152	商会史话	虞和平
	153	农业改进史话	章 楷
	154	民族工业发展史话	徐建生
	155	灾荒史话	刘仰东　夏明方
	156	流民史话	池子华
	157	秘密社会史话	刘才赋
	158	旗人史话	刘小萌
近代中外关系系列（13种）	159	西洋器物传入中国史话	隋元芬
	160	中外不平等条约史话	李育民
	161	开埠史话	杜 语
	162	教案史话	夏春涛
	163	中英关系史话	孙 庆
	164	中法关系史话	葛夫平
	165	中德关系史话	杜继东
	166	中日关系史话	王建朗
	167	中美关系史话	陶文钊
	168	中俄关系史话	薛衔天
	169	中苏关系史话	黄纪莲
	170	华侨史话	陈 民　任贵祥
	171	华工史话	董丛林

系列名	序号	书 名	作 者
近代精神文化系列（18种）	172	政治思想史话	朱志敏
	173	伦理道德史话	马 勇
	174	启蒙思潮史话	彭平一
	175	三民主义史话	贺 渊
	176	社会主义思潮史话	张 武　张艳国　喻承久
	177	无政府主义思潮史话	汤庭芬
	178	教育史话	朱从兵
	179	大学史话	金以林
	180	留学史话	刘志强　张学继
	181	法制史话	李 力
	182	报刊史话	李仲明
	183	出版史话	刘俐娜
	184	科学技术史话	姜 超
	185	翻译史话	王晓丹
	186	美术史话	龚产兴
	187	音乐史话	梁茂春
	188	电影史话	孙立峰
	189	话剧史话	梁淑安
近代区域文化系列（11种）	190	北京史话	果鸿孝
	191	上海史话	马学强　宋钻友
	192	天津史话	罗澍伟
	193	广州史话	张 磊　张 苹
	194	武汉史话	皮明庥　郑自来
	195	重庆史话	隗瀛涛　沈松平
	196	新疆史话	王建民
	197	西藏史话	徐志民
	198	香港史话	刘蜀永
	199	澳门史话	邓开颂　陆晓敏　杨仁飞
	200	台湾史话	程朝云

《中国史话》主要编辑
出版发行人

总 策 划	谢寿光	王　正	
执行策划	杨　群	徐思彦	宋月华
	梁艳玲	刘晖春	张国春
统　　筹	黄　丹	宋淑洁	
设计总监	孙元明		
市场推广	蔡继辉	刘德顺	李丽丽
责任印制	郭　妍	岳　阳	